# Märchen von Müttern und Töchtern

❋❋❋❋❋❋

Herausgegeben und mit einem Nachwort
von Ulrike Krawczyk
und Sigrid Früh

W0044338

Fischer
Taschenbuch
Verlag

7.–8. Tausend: September 1997

Erweiterte Neuausgabe
Veröffentlicht im Fischer Taschenbuch Verlag GmbH,
Frankfurt am Main, September 1996

© Fischer Taschenbuch Verlag GmbH, Frankfurt am Main 1993, 1996
Umschlaggestaltung: Thomas & Thomas Design, Heidesheim
Satz: Fotosatz Otto Gutfreund GmbH, Darmstadt
Druck: Clausen & Bosse, Leck
Printed in Germany
ISBN 3-596-13368-8

Zur Erinnerung an
Luise

# Inhalt

# Der Goldapfel

Es war einmal eine Herzogin. Sie war verwitwet und hatte nur eine einzige Tochter. Diese hieß Jeanne. Damit Jeanne nicht so alleine aufwachsen sollte, nahm die Herzogin ihre arme Nichte zu sich auf das Schloß und ließ beide Mädchen gemeinsam erziehen. Beide wuchsen sie zu schönen Jungfrauen heran. Jeanne hatte ein gutes Herz. Das Herz Isabelles, ihrer Cousine, aber war von Neid und Eifersucht erfüllt, doch verbarg sie alles hinter einer falschen Freundlichkeit. Als nun Jeanne in das Alter kam, um zu heiraten, warb ein mächtiger junger König aus einem fernen Reich um sie. Da stattete die Herzogin ihre Tochter mit reichen Schätzen aus. Isabelle sollte als engste Vertraute und Hofdame ihre Cousine begleiten. Wie nun der Abschied herannahte, nahm die Herzogin ihre Tochter noch einmal mit in ihre Kammer, steckte ihr einen kleinen goldenen Apfel unter das Gewand und sprach: »Bewahre diesen Apfel wohl, mein Kind. Er wird dich beschützen, und durch ihn werde ich erfahren, wenn du in Not geraten bist.«

Bald darauf reisten die beiden jungen Frauen ab. Als sie schon weit fort waren, wollte Jeanne vom Pferde steigen, um an einer Quelle zu trinken.

»Nein«, rief Isabelle, »ich dulde keinen Aufschub. Auf, laß uns weiterziehen!«

Im selben Augenblick begann der goldene Apfel zu sprechen: »Ach, ich höre alles, ich höre alles.«

Er sprach mit der Stimme der Herzogin.

Da erschrak die falsche Cousine und sprach: »Wie kommt

es denn, daß deine Mutter uns von so weit noch hört?«
Und sogleich wurde ihr Gebaren freundlicher, und sie erlaubte Jeanne nun, wenn auch widerwillig, zu trinken.

Als sie wieder viele Meilen miteinander geritten waren, plagte Jeanne aufs neue der Durst, und sie begehrte zu trinken. »So geh«, rief Isabelle barsch, »aber beeile dich, ich habe keine Lust, fortwährend nur auf dich zu warten!«

»Ach, ich höre alles, ich höre alles«, sprach da der goldene Apfel wieder. Da erschrak Isabelle und wurde sogleich freundlicher.

Wieder waren sie viele Meilen geritten. Sie kamen zu einer Quelle, und Jeanne wollte haltmachen und daraus trinken. Zornig herrschte Isabelle sie an: »Willst du denn auf dem ganzen Weg nichts tun als rasten? Spute dich, daß wir weiterkommen! Es ist mir zu dumm, auf dich zu warten!«

»Ach, ich höre alles, ich höre alles«, sprach da der goldene Apfel wieder.

»Es wird dir schon noch vergehen, zu horchen«, dachte Isabelle in ihrem Herzen.

Während Jeanne sich nun hinabbeugte, um aus der Quelle zu trinken, glitt ihr der kleine goldene Apfel aus dem Gewand und fiel ins Wasser. Wie sehr sie sich auch mühte, ihn zu erhaschen, es gelang ihr nicht.

Als sie nun beide nahe an das Schloß des Königs herangekommen waren, sprach Isabelle zu Jeanne: »Wenn du sagst, daß du die Tochter der Herzogin bist, mußt du sterben.« Dann zwang sie Jeanne, die Kleider mit ihr zu tauschen.

So kamen sie vor das Schloß. Isabelle trat ganz forsch vor den König und sprach: »Ich bin Jeanne, die Tochter der Herzogin, um die du geworben hast.« Dann deutete sie auf Jeanne und sagte: »Diese da hat mich auf dem ganzen Wege hierher beleidigt. Zur Strafe mag sie die Gänse hüten!«

Der König, der der Falschen Glauben schenkte, tat alles nach Isabelles Willen, wenn ihn auch die Schönheit Jeannes ergriff.

So kam es, daß Jeanne tagaus, tagein die Gänse hütete, während ihre Cousine es sich im Schloß wohlsein ließ. Es trug sich zu, daß ein Schweinehirt nicht weit von ihr seine Herde hütete. Die beiden teilten ihr karges Mahl miteinander. Eines Tages sah der Schweinehirt etwas im Wasser des Baches glänzen, als er gerade seine Tiere tränkte. Er ging hinzu, nahm einen Stock und fischte es heraus. Da war es der kleine goldene Apfel. Er verwunderte sich sehr darüber und zeigte ihn Jeanne. Da nahm diese ihn hocherfreut in die Hand und erzählte alles, was ihr widerfahren war.

»Ach, ich höre alles, ich höre alles«, sprach da der Apfel traurig. »Gleich werde ich mich auf die weite Reise machen, mein liebes Kind.«

Mit dem schnellsten Roß kam die Herzogin herbeigesprengt. Sie eilte zu ihrer Tochter, nahm sie bei der Hand und ging geradewegs vor den Thron des jungen Königs. Diesem offenbarte sie alles, was geschehen war.

Da entbrannte der König in großer Liebe zu Jeanne, und am gleichen Tag noch wurde die Hochzeit gefeiert. Isabelle aber ließ er vor sich kommen und fragte sie: »Was soll mit einer geschehen, die durch ihre Tante und ihre Cousine nur Gutes erfahren hat, die aber aus Neid und Eifersucht die Stelle der rechtmäßigen Braut erschwindelt hat und sie mit dem Leben bedrohte?«

Da sprach Isabelle: »Die soll von vier wilden Stieren zerrissen werden.«

Da hatte sie ihr eigenes Urteil gesprochen, das sogleich vollstreckt wurde. Der Hirte aber wurde reich belohnt. Und alle lebten sie noch lange in Glück und in Frieden.

[Märchen aus Lothringen]

# Der silberne Falke

Es waren einmal ein Mann und eine Frau, die lebten in einer kleinen Hütte inmitten der weiten Heide. Sie hatten eine einzige Tochter, Aélis. Aélis war schön von Angesicht und gut von Herzen.

Eines Tages aber geschah es, daß die Frau auf den Tod erkrankte. Auf dem Sterbebett rief sie ihre Tochter zu sich und sprach: »Mein Kind, auf Erden ist meines Bleibens nicht länger. Wenn ich nun tot sein werde, sollst du drei Nächte an meiner Seite wachen.«

Dann segnete sie ihre Tochter und starb. In der folgenden Nacht wachte Aélis bei der Toten. Alles war still, kein Windhauch rührte sich, und nur die Sterne funkelten.

Auch in der zweiten Nacht wachte Aélis. Wieder blieb alles still, kein Windhauch rührte sich, und nur die Sterne funkelten. Aélis wachte auch in der dritten Nacht bei der Toten. Um Mitternacht erhob sich diese vom Totenlager und sprach: »Bist du gekommen, um bei mir zu wachen, meine liebe Tochter Aélis?«

»Ja, Mutter, hier bin ich«, antwortete Aélis ohne Furcht und ohne Zagen, denn sie hatte ihre Mutter sehr liebgehabt.

»Du hast drei Nächte bei mir gewacht. Nun kann ich in Frieden ruhen. Wenn großer Kummer und große Not über dich kommen, so gehe um Mitternacht zum Kirchhof, knie an meinem Grab nieder, und dir soll Trost widerfahren.«

»Hab Dank, Mutter.«

Aélis erzählte niemandem von diesem Erlebnis. Bald darauf verheiratete sich der Vater wieder. Die zweite Frau aber war böse wie die Sünde. Sie haßte Aélis und gab ihr niemals ein gutes Wort. Stets mußte sie schwere und schmutzige Arbeiten verrichten und bekam dafür nur Schläge zum Lohn. Aélis weinte Tag und Nacht.

Endlich, als Kummer und Schmerz so groß geworden waren, daß sie glaubte, ihr Herz müsse zerspringen vor Leid, ging sie eines Nachts heimlich zum Kirchhof hinaus und kniete dort beim Grabe ihrer Mutter. Still und einsam lagen die Hügel im Mondschein. Und als es Mitternacht schlug, siehe, da senkte sich langsam, ganz langsam eine Feder aus reinem Silber auf das Grab der Mutter und blieb vor Aélis liegen. Verwundert nahm Aélis sie in die Hand, verbarg sie an ihrer Brust und ging getröstet nach Hause.

Am folgenden Tag, als sie gerade beim Brunnen Wasser schöpfte, kam auf einmal ein Falke über die Heide geflogen. Seine Flügel waren aus reinem Silber, und er trug ein goldenes Kettchen an der Brust. Er ließ sich auf dem Brunnenrand nieder und sprach mit menschlicher Stimme:

> »Du hast die Silberfeder aus meinem Kleid.
> Dein Herz ist voll Trauer, voll Kummer und Leid.
> Heut nacht mach auf dein Fensterlein,
> dann sollst du bald voll Freude sein!«

Wie sich Aélis noch darüber wunderte, war der edle Vogel auch schon verschwunden. In der Nacht aber, als sie in ihrer Kammer allein war, öffnete sie das Fenster weit, bevor sie sich zu Bett legte. Um Mitternacht erwachte sie vom Flügelschlag. Herein kam der silberne Falke geflogen, sein Gefieder schimmerte prächtig in der Dunkelheit, und das goldene Kettchen leuchtete auf seiner Brust. Als er aber den Boden berührte, da war er ein wunderschöner Jüngling, schöner als die Sonne, lichter als der Tag, und er sprach: »Schöne Aélis, lange schon habe ich auf dich gewartet, denn mein Herz ist von Liebe zu dir erfüllt. Wisse, bei Tag bin ich ein Falke, des Nachts aber ein Mensch wie du. Sag, willst du meine Frau werden?«

»Silberner Falke, von Herzen gerne.«

»So soll in drei Tagen unsere Hochzeit gefeiert werden. Aber sprich bis dahin mit niemandem ein Wort darüber und zeige niemandem die silberne Feder, denn sonst sind wir verloren.«

»Silberner Falke, Liebster, ich werde alles nach deinen Worten tun.«

Da nahm der Falke das goldene Kettchen von seiner Brust und legte es der schönen Aélis um den Hals. Als der Morgen graute, verwandelte sich der Jüngling wieder in den silbernen Falken und flog zum Fenster hinaus.

Die böse Stiefmutter aber geriet in großen Zorn, als sie das goldene Kettchen gewahrte, das Aélis um den Hals trug.

»Woher hast du dieses Schmuckstück, Elende? Sag, wer hat es dir gegeben?« schrie sie.

Aélis aber schwieg, sosehr die Stiefmutter sie auch schimpfte und bedrängte. So vergingen zwei Tage.

Am Morgen des dritten Tages kam auf einmal der Falke über die Heide geflogen, und sein Gefieder leuchtete in der Sonne.

»Silberner Falke, komm zu mir!« rief Aélis.

Dies hörte die Stiefmutter, und sie eilte sogleich aus dem Haus. Und wie sie den Falken erblickte, hob sie einen spitzen Stein von der Erde und schleuderte ihn mit aller Kraft gegen den Vogel. Sie traf ihn an einem Flügel und verwundete ihn.

Da sprach der silberne Falke zu Aélis: »Nun muß ich fort von dir. Wisse, ich bin König im nie gesehenen Land, bin Falke dort und Mensch zugleich. Noch keines Menschen Fuß hat jemals es betreten. Leb wohl, schöne Aélis.«

Am selben Tage noch schnürte Aélis ihr Bündel und machte sich auf den Weg ins nie gesehene Land. Aber wohin sie auch kam und wen sie auch fragte, niemand hatte jemals etwas davon gehört. Immer weiter und weiter wanderte sie.

Endlich gelangte sie in einen tiefen, finsteren Wald. Da sah sie, als es schon zu dunkeln begann, ein kleines Häuschen auf einer Lichtung stehen. Sie ging darauf zu, pochte an die Tür, und eine alte Frau öffnete. Sie war so alt wie eine Landstraße und so schwarz wie ein Kamin. Freundlich schaute sie Aélis an und sprach: »Gott grüße dich, meine Tochter. Ich sehe wohl, daß Kummer dich bewegt. Wo kommst du her, und wo willst du hin?«

»Ach, ich bin auf dem Weg ins Reich meines Liebsten, des silbernen Falken. Ich bin auf der Suche nach dem nie gesehenen Lande.«

»Der Weg dorthin ist weit, sehr weit. Aber bleibe bei mir über Nacht. Morgen früh wird sich Hilfe finden.«

Da blieb Aélis bei der guten Alten. Am anderen Morgen gab ihr diese ein feuriges rotes Roß und sprach: »Setze dich nur auf den Rücken dieser Fuchsstute. Sie ist schneller als der Wind, und sie findet von allein den Weg zu meiner Schwester, und die wird dir weiterhelfen.«

»Hab Dank, gute Frau.«

Aélis schwang sich auf die rote Stute, und im Nu ging's davon, schneller als der Wind. Aber mit einem Mal gerieten sie in einen tiefen, tiefen Sumpf. Da hob sich das Pferd in die Lüfte und flog über den Sumpf hinweg. Endlich standen sie vor einer kleinen Hütte, die war umgeben von Schilf. Aélis pochte an die Tür, und es öffnete ihr eine steinalte Frau. Sie war noch weit älter als die erste und noch schwärzer, und sie sprach: »Gott grüße dich, meine Tochter. Ich sehe wohl, daß Kummer dich bewegt. Wo kommst du her, und wo willst du hin?«

»Ach, ich bin auf dem Weg ins Reich meines Liebsten, des silbernen Falken. Ich bin auf der Suche nach dem nie gesehenen Lande.«

»Der Weg dorthin ist weit, sehr weit. Aber bleibe bei mir über Nacht. Morgen früh wird sich Hilfe finden.«

Da blieb Aélis bei der guten Alten. Am anderen Morgen gab ihr diese ein feuriges pechschwarzes Roß und sprach: »Setze dich nur auf den Rücken dieser Rappenstute. Sie ist schneller als der Blitz, und sie findet von allein den Weg zu unserer ältesten Schwester, und die wird dir weiterhelfen.«

»Hab Dank, gute Frau.«

Aélis schwang sich auf die schwarze Stute, und im Nu ging's davon, schneller als der Blitz. Sie ritten und ritten. Mit einem Mal gerieten sie aber in ein hohes, schroffes Gebirge. Da hob sich das Pferd in die Lüfte und setzte über das Gebirge hinweg. Endlich hielten sie vor einer Hütte, die stand ganz oben auf einem steilen Fels. Aélis pochte an die Tür, und es öffnete ihr eine uralte Frau. Sie war noch viel älter als die beiden ersten und schwärzer noch als sie, und sie sprach: »Gott grüße dich, meine Tochter. Ich sehe wohl, daß Kummer dich bedrückt. Wo kommst du her, und wo willst du hin?«

»Ach, ich bin auf dem Weg in das Reich meines Liebsten, des silbernen Falken. Ich bin auf der Suche nach dem nie gesehenen Lande.«

»Der Weg dorthin ist weit, sehr weit. Aber bleibe bei mir über Nacht. Morgen früh wird sich Hilfe finden.«

Da blieb Aélis bei der guten Alten. Am anderen Morgen gab ihr diese ein feuriges schneeweißes Roß und sprach: »Setze dich nur auf den Rücken dieser Schimmelstute. Sie ist schneller als das Wort, und sie findet von allein den Weg zum Weltenende. Von dort muß du selbst schauen, wie du weiterkommst. Viel Glück.«

»Hab Dank, gute Frau.« Aélis schwang sich auf die schneeweiße Stute, und im Nu ging's davon, schneller als man Amen sagen kann. Sie ritten und ritten. Endlich gelangten sie ans weite Ufer des Meeres am Weltenende. Dort setzte das Pferd die schöne Aélis ab. Weit und breit war keine Menschenseele zu sehen. Nur das Meer rauschte. Aélis ging am Meeresufer entlang. Nirgends fand sich ein Dach, kein Haus und keine Hütte. Als die Nacht hereinbrach, legte sie sich im Sand zum Schlaf nieder. So ging es sieben Tage und sieben Nächte.

Da, endlich kam sie zu einem winzigen Fischerhäuschen. Ein uralter Fischer mit langem schneeweißem Bart saß davor und sprach: »Seit dreihundert Jahren habe ich keinen Menschen mehr gesehen. Wo kommst du denn her, wo willst du denn hin?«

»Ach, ich bin auf dem Weg in das nie gesehene Land, in das Reich meines Liebsten, des silbernen Falken.«

»Der Palast des silbernen Falken steht am jenseitigen Meeresufer. Ich werde dich hinüberrudern. Aber du darfst auf der Fahrt nicht sprechen, und du darfst den Blick nicht zurückwenden, denn sonst mußt du im tiefen Meer ertrinken.«

»Hab Dank, guter Mann.«

Da ruderte der alte Fischer die schöne Aélis über das weite Meer, hinüber zum jenseitigen Ufer. Vierzig Stunden ruderten sie. Aélis sprach nicht und schaute auch nicht zurück, denn sie dachte ja immerzu nur an ihren Liebsten, den silbernen Falken. Der Fischer setzte sie am jenseitigen Ufer ab. Dort glänzte im Sonnenlicht ein Palast, der war aus reinem Kristall.

Aélis ging zu den Wachen am Tor. Weil sie aber von den vielen Mühen der weiten Reise schmutzig und zerlumpt war, jagten die sie voller Zorn hinweg. Niemand hatte Erbarmen mit ihr. Endlich gelang es ihr, bei der Hofbäckerei in die Dienste treten zu können.

Als sie eines Tages allein in der Backstube war und das Brot für des Königs Tafel backen sollte, knetete sie heimlich das goldene Kettchen, das ihr der silberne Falke einst selbst um den Hals gelegt hatte, in den Teig hinein.

Wie verwunderte sich der silberne Falke, als er tags darauf das goldene Kettchen in seinem Brot fand.

»Rasch, meine Diener, eilt zur Hofbäckerin und bringt sie mir her, auf daß ich erfahre, woher dies goldene Kettchen kommt!«

Und die Diener eilten so schnell sie konnten zum Hause der Hofbäckerin und befahlen ihr, vor den König zu kommen. Als nun die Hofbäckerin vor dem Thron des silbernen Falken stand, sprach er: »Hofbäckerin, heute morgen fand ich in meinem Brot ein goldenes Kettchen. Sagt mir, wie geriet es in den Teig?«

»Herr, ich kann es Euch nicht sagen. Doch ist seit ein paar Tagen eine Magd in meine Dienste getreten. Vielleicht kann sie Euch Auskunft geben.«

Als der König diese Worte vernahm, da verwandelte er sich in den silbernen Falken und flog zum Hause der Hofbäckerin. Er flog zum Backstubenfenster herein, und wie er den Boden berührte, da war er der wunderschöne Jüngling, und er erkannte Aélis, der er einst die Ehe versprochen hatte. Und sie umarmten und küßten sich und freuten sich von Herzen, daß sie sich wiedergefunden hatten. Dann feierten sie das Hochzeitsfest, und das dauerte sieben Tage und sieben Nächte lang.

[Märchen aus Frankreich]

# Der Graf und die Müllerstochter

Vor vielen Jahren lebte ein Graf, der hatte ein großes Schloß am Ende eines Bergtales. Er war aber viel draußen im Krieg mit dem König und mußte diesen auf allen seinen Feldzügen begleiten. Und wenn er daheim war, kümmerte er sich wenig um die vornehmen Leute in der Nachbarschaft, sondern hielt sich einsam für sich. Am Eingang des Tales aber hatte eine schöne Müllerswitwe ihre Mühle, und sooft der Graf vorüber kam, hielt er bei ihr an, nahm einen kühlen Trunk von ihr und zeigte ihr, daß er Wohlgefallen an ihr hatte.

Eines Tages aber, als er wieder vor dem Haus der Müllerin hielt, sah er ein Mädchen aus dem Garten in das Haus gehen und fragte: »Wer ist das schöne Mädchen?«

»Das ist meine Tochter«, antwortete sie. Und als der Graf fortritt, sagte er, er wolle bald wiederkommen und ihr Töchterlein sehen.

Als aber der Graf das nächste Mal kam und nach ihr fragte, sagte sie: »Ich habe sie fortgeschickt zu meiner kranken Schwester. Der muß sie in der Wirtschaft helfen.«

Da ergrimmte der Graf und rief: »Ich will sie aber sehen, habe ich Euch das nicht gesagt? Und wenn ich in drei Tagen wiederkomme und sie nicht hier finde, dann werde ich machen, daß Ihr mit dem Bettelsack von Eurer Mühle fortziehen müßt.«

Da bekam sie große Furcht, denn sie wußte, daß der Graf ein zorniger Mann war und wohl ausführen konnte, was er gesagt hatte. Deshalb sorgte sie dafür, daß die Tochter wieder zu ihr kam, so ungern sie es auch tat.

Als nun der Graf das nächste Mal wiederkam und mit dem Mädchen sprach, schien es ihm so schön, wie er noch nie eines gesehen hatte. Als er fortging, sagte er zu der Müllerin, sie solle am nächsten Tag mit ihrer Tochter auf sein Schloß kommen, ihn zu besuchen. Die aber mußte gehorchen, so widerwärtig es ihr war. Als der Graf auf sein Schloß zurückkam, sagte er zu seinen Leuten, daß niemand sich unterstehen solle, gegen die Müllersleute hoffärtig zu tun, sondern daß sie empfangen werden sollten von jedermann, als ob es vornehme Edelfrauen wären.

Am anderen Tage kam die Müllerin mit ihrer Tochter und wurde vornehm empfangen und bewirtet. Die Tochter aber saß bei Tische neben dem Grafen und kam den ganzen Tag nicht von seiner Seite, und er fand immer größeres Wohlgefallen an ihr. Als nun der Abend kam, sagte der Graf zu der Müllerin, sie solle die Tochter auf dem Schlosse lassen bei seiner Mutter, denn er wolle sie heiraten. Da geriet die Müllerin in großen Zorn und fuhr allein nach der Mühle zurück. Der Graf aber sagte noch an demselben Abend zu seiner Mutter, daß er die Müllerstochter heiraten wolle.

Die Mutter erschrak wohl sehr, mochte aber nicht widersprechen, denn sie wußte, wie eigenwillig er war, doch sagte sie: »Lieber Sohn, das ist wohl ein sehr schönes und gutes Mädchen, aber hast du auch bedacht, was die Leute sagen, wenn du sie heiratest?«

Er antwortete: »Ich werden den Leuten schon zeigen, was sie sagen sollen.«

Nach einer Weile hob sie wieder an: »Wenn du sie nun aber geheiratet hast und die Leute reden ihr mit der Zeit allerlei Böses nach, so wirst du es zuletzt doch glauben und wirst zornig werden und sie nur unglücklich machen.«

Er sprach aber: »Das soll nur einer wagen, ihr Übles nachzureden, wenn sie mein Weib ist, dem werde ich das Lästermaul stillmachen!«

Sie sprach noch einmal: »Bedenke, ein Mädchen wie jenes hat keine Anverwandte und keinen Schutz, viele können ihr ungestraft nachreden, zuletzt hörst du doch etwas und glaubst daran.«

Er aber verschwor sich hoch und teuer: »Nie will ich Übles über sie anhören und glauben, es sei denn, daß es aufs klarste bewiesen werde.« Da schwieg sie, und nicht lange hernach wurde die Hochzeit gefeiert.

Der Mutter des Grafen war die junge Schwiegertochter anfänglich wohl sehr zuwider, weil sie aber so schön und gut war und ganz wie ein Kind zu ihr, so konnte sie ihr doch nicht böse sein, und mit der Zeit gewann sie sie ein wenig lieb.

Als nun die Zeit kam, daß der Graf bald die erste Nachkommenschaft erwartete, brach wieder ein großer Krieg aus, und er mußte fort, obwohl er gern geblieben wäre, denn er hatte seine Frau sehr lieb. Er war noch nicht lange fort, da gebar sie ein Zwillingspaar, das waren so schöne, wohlgebaute Knaben, daß des Grafen Mutter sich herzlich freute und um dieser Knaben willen nun auch die Schwiegertochter liebhatte.

Und alsbald setzte sie sich und schrieb einen Brief:

Lieber Sohn!

Gottes und der Heiligen Segen sei mit Dir, und auf unserem Hause hat Gottes Segen sichtlich geruht, seit Du fort bist. Deine Frau, meine liebe Schwiegertocher, hat ein Zwillingspaar geboren, zwei Knaben, so schön, wie ich noch keine gesehen habe, und beide sehen ganz gleich aus, und aus denen mögen unter Gottes gütigem Beistande einst gewaltige Männer erwachsen, wie ihr Vater. Die Mutter ist ganz gesund. Ach, wie freue ich mich, daß Gottes Gnade uns und unserem Hause diese Knaben geschenkt hat. Mögen die Heiligen und Gott mit Dir sein, daß Du bald heimkehrest und mit uns Dich freuest.

Diesen Brief gab sie einem Boten und stellte ihm alles eindringlich vor. Daß er ja recht eilen und die Kleider nie ablegen und den Brief nie aus den Kleidern geben solle und unterwegs nicht herbergen solle, als nur zur äußersten Notdurft, und vor allen Dingen sich nie volltrinken solle. Denn die Menschen sind böse und gar neugierig auf Briefe und wollen gern wissen, was darin steht und ihren Unfug damit treiben.

Dies alles sagte sie ihm mehrmals, und dann ließ sie ihn reiten.

Nach einer Weile kam der Knecht an die Mühle, und da kam ihm die schöne Müllerin schon von weitem entgegen und rief: »Ach, lieber Georg, wie lange habe ich dich nicht gesehen, und wie freut es mich, daß du einmal wieder kommst. Nun sollst du aber auch einen guten Trunk haben, den besten, den der Keller gibt, und sollst mir erzählen von meinem lieben Kinde, der Frau Gräfin, und wie es ihr geht und den beiden Knäblein, die sie geboren hat, und ob sie alle gesund sind.«

Der Knecht aber war durstig und hatte die schöne Müllerin gern. Dennoch sprach er: »Sie sind alle gesund, aber einkehren darf ich nicht, denn die Gräfin hat mir befohlen, daß ich mich eilen soll, soviel ich kann, und unterwegs nicht herbergen soll, als nur zur äußersten Notdurft.«

Da sprach die Müllerin: »Ach, wie doch die vornehmen Herrschaften abgünstig sind! Uns gönnen sie nicht einmal den Trunk am Wege. Das ist auch eine Notdurft, daß man seinen Durst am Wege stillt und bei Kräften bleibt; so kannst du hernach wieder um so eiliger reiten und kommst schneller ans Ziel, als wenn du müde und durstig bist.«

Da ließ er sich überreden und ging mit der Müllerin in ihr Haus.

Die aber stieg in den Keller hinab und brachte eine Kanne von ihrem besten und stärksten Wein, und in den hatte sie noch ein Zaubermittel geschüttet, das schlaftrunken macht. Dann war sie gar lieblich und freundlich zu ihm und redete ihm zu, bis er die ganze Kanne leer getrunken hatte und unter den Tisch fiel wie ein Toter. Darauf ließ sie ihn in eine Kammer tragen und ging alsbald nach und durchsuchte ihn. Und nicht lange, so fand sie einen Ledersack unter dem Brusttuch, in dem stak der Brief.

Sodann lief sie zu einem bösen Zauberer, der nicht weit von ihrer Mühle entfernt im Wald versteckt wohnte. Der konnte alle Schriften lesen und alles schreiben, wie er wollte, und Schriften und Siegel so nachmachen, daß kein Mensch das Echte von dem Falschen unterscheiden konnte. Dem gab sie den Brief und eine große Summe Geldes und bat ihn, daß er ihn umschreiben möge, und sagte ihm auch, wie sie es haben wollte.

Und der Zauberer schrieb:

Lieber Sohn!

Der Teufel und alle Hexen sind in unser Haus eingekehrt, seit Du fort bist. Deine Frau, die Hexe, hat ein Zwillingspärchen geboren, zwei Wechselbälger, so scheußlich, wie noch kein Mensch sie gesehen hat. Beide sehen ganz verschieden aus. Der eine hat einen Kalbskopf mit Hörnern daran und der andere Bockbeine und einen Lämmerschwanz, aus denen möchten mit des Teufels Hilfe gar arge Höllenbraten erwachsen. Und die Mutter ist ganz verstellt und sieht aus wie eine alte Hexe mit Triefaugen, und das ganze Haus ist von dem Höllenspuk in Todesangst. Ach, welche große Not, daß der Teufel uns die Hexe mit ihren Wechselbälgern in das Haus gesetzt hat. Ich erwarte nur, daß Du schreibst, so will ich die Höllenbrut umbringen lassen, mitsamt der greulichen Hexe, ihrer Mutter.

Diesen Brief steckte sie wieder in den Ledersack, hängte ihn dem Boten wieder um den Hals und knöpfte das Brusttuch darüber zu.

Der Bote aber schlief wie ein Toter bis zum nächsten Mittag, und als er erwachte, glaubte er, es sei noch der nämliche Tag.

Die Müllerin sprach zu ihm: »Ei, lieber Georg, wie gut du geschlafen hast! Mehr als eine Stunde. Das wird dir guttun auf dem Weg. Wenn du zurückkommst, sollst du wieder bei mir einkehren. Und dem Herrn Grafen bestelle meinen untertänigsten Gruß, und er möchte doch meiner gnädigst gedenken.«

Nach etlichen Wochen kam der Knecht zurück, und die Müllerin kam ihm wieder von weitem entgegen. Aber diesmal kehrte er gern ein, ohne daß sie ihn viel bereden durfte, denn er dachte daran, wie gut er es das letzte Mal gehabt hatte.

Sie machte aber alles so wie das vorige Mal, und als der Bote schlief, lief sie mit dem Briefe zum Zauberer und ließ ihn sich vorlesen.

Der Brief lautete so:

Liebe Mutter!

Gott und der Heiligen Segen sei mit Dir. Mögen sie Dich in ihren heiligen Schutz nehmen und das Blendwerk von Deinen Augen und den Teufelsspuk aus meinem Schlosse. Denn ich glaube wohl, daß der Teufel Macht hat, der Menschen Augen zu verblenden, daß sie irresehen wie die Narren im Tollhause; daß aber mein gutes treues Weib sich so schändlich versündigt haben sollte gegen Gott und Menschen, das will ich nun und nimmer glauben. Wegen dieses Krieges kann ich nicht fort von hier. Gott aber wird mir beistehen, daß ich bald heimkehren kann und mein liebes Weib schützen kann vor Schmach und vor dem Blendwerk der Hölle. Ich bete alle Tage für sie. So bete auch Du für sie und für Dich selber, daß der Satansspuk vergehe. Lasse auch die Priester kommen, und laß alles mit Weihrauch durchräuchern und mit Weihwasser besprengen. Mögen

Gott und die Heiligen mein armes Weib in Schutz nehmen wie Dich selber.

Als die Müllerin den Brief hörte, wurde sie ganz grün vor Ärger und bat den Zauberer sogleich, daß er ihr einen anderen schreiben möge.
Der Zauberer aber schrieb:

Liebe Mutter!
Wohl weiß ich, daß der Teufel leider Macht hat. Es ist nur gut, daß er nicht auch Macht hat, der Menschen Augen zu verblenden, daß sie doch sein Satanswerk noch erkennen können und nicht irresehen wie die Narren im Tollhause. Und ich weiß gewiß, daß mein Teufelsweib sich schändlich versündigt hat. Wegen dieses großen Krieges kann ich leider nicht fort von hier. Der Teufel aber soll die Hexe holen, ehe daß ich heimkehre und die Schmach und das Satanswerk sehe. Alle Tage fluche ich ihr und ihrer verfluchten Brut. Die Pfaffen brauchen nicht zu wissen, was in meinem Hause vorgegangen ist. Du selber sollst dafür Sorge tragen, daß sie mitsamt ihrer Brut alsbald in die Grube fährt und ihre Seele zur Hölle. Ich schwöre Dir bei allen Teufeln, wenn Du nur einen Tag zögerst, sie umbringen zu lassen, so sollst Du es selber büßen mit Deinem Leben. Du weißt, daß ich mein Wort halte. Und damit ich sehen kann, daß sie tot ist, sollst Du mir ihre beiden Arme und ihre Zunge schicken, und ich will nicht lange warten, bis ich all das sehe.

Diesen Brief steckte sie dem Boten wieder in die Tasche, und der brachte ihn der alten Gräfin, als er ausgeschlafen hatte.
Die erschrak sehr, als sie den Brief las, und hob an zu weinen und zu klagen: »Ach, nun ist es doch gekommen, wie ich gesagt habe. Böse Menschen haben ihr Übles nach-

geredet, und er hat es geglaubt. Ach, nun gibt es nichts wie Unglück und Tod!«

Und immer wenn sie den Befehl geben wollte, die junge Frau und ihre Knaben umzubringen, hob sie von neuem an, zu weinen und zu klagen. »Ach«, sprach sie zuletzt, »ich will es ihr sagen, was er Schreckliches geschrieben hat. Vielleicht, daß Gott ihr einen Rat eingibt, sie zu retten.«

Und als sie es ihr gesagt hatte, hob auch die junge Gräfin an zu weinen und wußte keinen Rat, endlich bat sie: »So schreibe ihm doch noch einmal, wie Gott alles so gut nach seinen Wünschen gefügt hat. Er wird dir doch glauben, wenn du es ihm schwörst bei allem, was heilig ist.«

Sie antwortete: »Ja, ich will es wohl tun, obwohl ich weiß, daß mein Sohn jähzornig ist und hart und auch seine Mutter nicht verschont, wenn er es einmal verschworen hat.«

Da schrieb sie ihm noch einen Brief und beschwor hoch und heilig, wie alles in Wirklichkeit war.

Und den Brief zeigte sie der jungen Frau und sagte: »Sieh, mein Kind, so habe ich geschrieben, obwohl ich weiß, daß es um mein Leben geht, denn ich habe dich und die Knäblein so sehr lieb.« Den Brief siegelte sie vor ihren Augen zu und übergab ihn dem Boten, daß er ihn vor ihren Augen wegtrug.

Da sie aber wieder denselben Boten abgeschickt hatte wie das erste Mal, so kehrte der wieder bei der Müllerin ein. Alles trug sich zu wie das erste Mal, und des Grafen Brief war nur noch zorniger. Da dachte sie: »Was soll ich tun? Weigere ich mich, so wird er, wenn er heimkehrt, mich töten und sie und die Kinder grausam umbringen. Ich kann ihnen jetzt wenigstens einen leichten Tod geben.«

Und sie befahl zwei Knechten, daß sie die junge Frau mit ihren Kindern in den Wald führen und dort alle drei rasch abtun sollten. Ihr aber sollten sie die beiden Arme und die Zunge abschneiden und alles mitbringen.

Als die Knechte die drei nun eine Strecke in den Wald geführt hatten, sagten sie der Frau, daß sie sterben müsse. Da sank sie in die Knie und weinte und klagte gar jämmerlich, daß sie so unschuldig sterben sollte. Da aber die Knechte sie ansahen in ihrer Not und in ihrer großen Schönheit und auch wohl wußten, daß sie unschuldig war, konnten sie es schier nicht über das Herz bringen, sie abzutun, und so sprach der eine zum anderen: »Ich möchte ihr wohl das Leben lassen, denn sie jammert mich. Was aber sollen wir der alten Gräfin sagen?«

Und der andere sprach: »Wo sollen wir eine Zunge herbekommen und die zwei Arme, die wir ihr zeigen müssen?«

Wie sie das hörte, rief sie: »So schneidet mir die Zunge ab und die beiden Arme, wenn es nicht anders sein kann, aber laßt mich am Leben. Gott im Himmel, der meine Unschuld kennt, mag sich meiner erbarmen und dieser armen Kinder und wird es euch vergelten, daß ihr Barmherzigkeit übt.«

So schnitten ihr denn die Knechte die Zunge ab und die beiden Arme unter dem Ellenbogen, und sie legten die Kinder in ein großes Tuch und banden die Enden hinter dem Nacken der Mutter zusammen, daß sie ihr vor der Brust lagen.

Die Mutter aber ging durch den Wald fort und kam alsbald an eine Landstraße. Der ging sie nach und dachte: »Ach, wenn mir doch nur ein Mensch begegnen möchte, der würde sich doch gewiß erbarmen und mich und die Knäblein pflegen.«

Nicht lange, so begegneten ihr etliche Soldaten. Wie die sie sahen mit den abgeschnittenen Armen und den beiden Säuglingen vor der Brust, trieben sie ihren Spott mit ihr. Und als die arme Mutter gern sprechen wollte und sie dabei gewahr wurden, daß sie auch keine Zunge hat, wurden sie ganz wie toll und lachten und schrien und schimpften sie und spien sie an und traten mit Füßen nach ihr. Es wäre ihr wohl noch schlimmer ergangen, wenn nicht ein anderer Soldat herzugekommen wäre, der die Spötter schweigen hieß.

Dann ging sie traurig weiter, aber noch wollte sie nicht ganz verzweifeln, denn sie dachte daran, daß sie unschuldig sei. Und nach einer Weile kam ihr der Soldat nach, der zuletzt gekommen war.

Der tröstete sie und sagte: »Magst du begangen haben, was auch immer, du bist ein armes, unglückliches Weib. Ich will dir helfen, so gut ich kann.«

Er setzte ihr die Feldflasche an den Mund und ließ sie trinken und schob ihr etwas Geld in die Tasche und sprach: »Das kann dir vielleicht einmal nützen, und ich wünsche herzlich, daß es dir eines Tages wieder besser ergehen möge.«

Am Abend, als es schon dunkel war, kam sie an ein Haus mit einem Garten. Und weil sie sich nicht mehr aufrecht halten konnte vor Hunger und Mattigkeit, kroch sie unter ein Fruchtbäumchen und riß mit dem Munde etliche Beeren ab. Darüber kam der Bauersmann herzu, dem der Garten gehörte, und rief sie an. Als sie nun aufstand und ihm Zeichen machen wollte und er sah, daß ihr die Arme abgeschnitten waren, fing er arg an zu schelten und rief: »Du Wechselbalg, du Satansbrut, willst du mir meinen Garten verhexen? Packe dich im Augenblick, oder ich will die Hunde auf dich hetzen und dich zerreißen lassen.«

Da ging sie zum Garten hinaus und in den Wald hinein, so weit die Füße sie noch tragen wollten, und nahm ihre letzte Kraft zusammen und scharrte für die beiden Knaben mit den Füßen ein weiches Lager zusammen aus Moos und Laub.

Dann kniete sie nieder und betete: »Ach, himmlischer Vater, verzeihe mir meine Sünden, wie ich von Herzen dem

Grafen, meinem Herrn, verzeihe, den ich doch so treu geliebt habe und der es mir so schlimm vergolten hat, und nimm mich in Gnaden zu dir. Und nimm diese armen Knäblein in deinen starken Schutz, daß sie hier nicht umkommen im Walde. Lieber Gott, erbarme dich unser.«

Dann legte sie sich neben den Kindern nieder, um zu sterben.

Als kaum noch etwas Leben in ihr war, bemerkte sie einen Lichtschimmer und kam wieder mehr und mehr zu sich. Sie sah ein kleines graues Männlein vor sich stehen, kaum zwei Fuß hoch, mit einem langen Barte, von dem ging der Lichtschimmer aus. Und er winkte ihr, daß sie ihm folgen solle. Sogleich fühlte sie sich wunderbar gestärkt und konnte aufstehen und gehen. Als er sie eine kurze Strecke weit geführt hatte, blieb er stehen und wies mit seinem langen Stock vor sich hin und sprach: »Siehst du jene Quelle?«

Als sie hinsah, sah sie nur ein winzig kleines Fleckchen wie einen Tautropfen und nickte. Sie dachte: »Ich sehe wohl ein kleines Tröpfchen, das Wasser sein mag.«

»So geh hin, und stecke deinen rechten Arm hinein«, sagte das graue Männlein.

Sie aber verwunderte sich, wie sie denn dort ihren Arm hineinstecken könne, trat aber doch herzu und kniete nieder. Und in dem Augenblick wurde das Tröpfchen zu einer Quelle, darin sie hätte baden können, und sie steckte ihren rechten Arm hinein. Und als sie ihn herauszog, da hatte sie ihren ganzen Arm wieder. Schöner und stärker, als er zuvor gewesen war, nur an der Stelle, wo er abgeschnitten gewesen war, zog sich eine feine rote Narbe herum, wie ein Haar breit. Dann mußte sie den linken Arm hineinstecken, und da wuchs auch der wieder an.

Darauf sprach das graue Männlein zu ihr: »Beuge dich jetzt über die Quelle, und nimm deinen Mund voll Wasser!«

Als sie das getan hatte, da hatte sie auch ihre Zunge wieder.
Er sprach: »Nimm jetzt deine Knäblein, und folge mir!«
Er führte sie weit durch den Wald, die ganze Nacht und den ganzen folgenden Tag hindurch. Und immer, wenn es Essenszeit war, schlug er mit seinem langen Stab gegen einen Baum oder einen Stein, und sogleich standen die besten Speisen da, soviel sie nur wollten.

Am Abend kamen sie an eine kleine Hütte, da traten sie ein. Dann schlug er mit dem langen Stab gegen die Wand, und mit einem Male standen sie in einem großen hellen Treppenhaus, wie von einem prächtigen Schloß. Und das graue Männlein führte sie eine breite Treppe aus Marmor hinauf in einen prunkvollen Saal. Dort ruhten sie aus und aßen und tranken von den allerbesten Sachen.

Dann führte er sie durch alle Säle, einer war immer prachtvoller als der andere, und dann in einen großen Garten mit den schönsten Blumen und Früchten. Zuletzt gingen sie wieder in den Saal zurück, wo sie gegessen hatten, und das graue Männlein zeigte der Frau eine kleine Tür in der Wand und sprach: »In diese kleine Tür mußt du hineinrufen, was du zu essen und zu trinken haben willst, und im Augenblick wird es auf dem Tisch stehen.« Dann zeigte er ihr eine andere Tür und sprach: »In diese mußt du hineinrufen, wenn jemand kommen soll zu einer Handreichung, und sogleich wird ein kleines schwarzes Männlein da sein, so groß wie ich, und wird alles ausführen, was du begehrst.« Dann führte er sie an ein Fenster, wies auf eine Landstraße und sprach: »Auf dieser Straße wird in etlichen Jahren dein Ehemann kommen. Solange mußt du hier wohnen bleiben.«

Als er das gesagt hatte, war er verschwunden.

Nun lebte sie etliche Jahre herrlich und in Freuden, und ihre Knaben wuchsen und gediehen. Sobald sie in eine der Türen rief, stand alles bereit. Und was sie nur wollte an Schuhen und Kleidern und Putzsachen, das wurde ihr alles gebracht. Sobald sie in den Garten trat, sprangen schwarze Männlein herzu, die sich freuten, wenn sie etwas begehrte. Aber sie sehnte sich doch nach ihrem Manne und wäre gern wieder fortgewesen aus dem schönen Schloß.

Als nun die Jahre herum waren, stand sie eines Tages am Fenster und sah einen langen Heereszug die Straße herabkommen. Ein Trupp nach dem anderen zog vorüber, und alle schauten herauf und verwunderten sich über das schöne Schloß, das doch früher nicht dort gestanden hatte. In einem der Haufen sah sie auch den Soldaten, der sie in ihrer Not getröstet hatte. Endlich sah sie auch von weitem einen Wagen heranfahren, in dem saß der Graf, und er sah sehr bleich und bekümmert aus.

Als er an das Schloß kam, sprach er: »Hier will ich bleiben und ausruhen bis zum nächsten Tage.«

Und als er hereintrat, wunderte er sich über die Pracht und über die Einsamkeit.

Auf der Marmortreppe kam ihm seine Frau entgegen. Da erschrak er, daß er sich am Geländer halten mußte, und sprach: »Ach, wie gleicht sie meiner armen Frau, aber sie kann es ja nicht sein. Wäre sie doch noch am Leben. Oh, daß mir Gott ein so schweres Los aufgelegt hat!«

Sie führte ihn nun durch das Schloß und zeigte ihm all die schönen Säle und den Garten und sprach dazu freundlich mit ihm. Ihm war es immer, als höre er seine Frau sprechen. Im Garten spielten die beiden Knaben, und er fragte: »Sind das Eure Knaben?«

»Ja«, sagte sie, »es sind Zwillinge.«

»Ach, die schönen Knaben«, sagte er, »wenn ich doch auch solche hätte.«

»Nun«, meinte sie, »was nicht ist, kann ja noch werden.«

»Ach nein«, sagte er, »so glücklich werde ich nie mehr sein.«

Nach dem Essen blieb er noch bei ihr, und weil er sehr

müde war, schlief er auf einer Bank ein. Im Schlaf fiel ihm ein Arm herunter; davon erwachte er, machte aber die Augen nicht auf.

Da hörte er die Frau leise zu den Knaben sprechen: »Jesusmännel und Johannesmännel, geht geschwind hin, und hebt eurem Herrn Papa den Arm auf die Bank.«

Da dachte er, daß es doch seine Frau sein möchte.

Und nach einer Weile ließ er ein Bein von der Bank fallen.

Da hörte er sie wieder sagen: »Jesusmännel und Johannesmännel, geht geschwind hin, und hebt eurem Herrn Papa das Bein auf die Bank.«

Da stand er auf und sagte zu ihr: »Du bist meine Frau!«

Und sie sagte: »Ja, das ist wahr.« Und dann mußte sie ihm erzählen, wie sich alles zugetragen hatte. Am anderen Morgen stiegen sie mit den beiden Knaben die Marmortreppe herab und in den Wagen hinein. Da war auf einmal das Schloß verschwunden, und an seiner Stelle stand eine alte verfallene Hütte. Unterwegs holten sie den Soldaten ein, der die Frau in ihrer Not getröstet hatte. Dem gab der Graf einen Beutel mit Gold und sagte ihm, daß er immer so brav sein solle und den Menschen Gutes tun.

Als sie aber auf dem Schlosse ankamen, ward der Graf gar zornig und wollte sich auch an seiner Mutter vergreifen. Da aber bat seine Frau für sie und sagte, er solle ihr doch verzeihen, sie habe ja auch nicht anders tun können.

Dann ließ er den Boten kommen und schrie ihn an: »Du gottloser und ungetreuer Knecht, alle Briefe, die du getragen hast, sind verfälscht worden. Sprich, wie sich das zugetragen hat.«

»Ach, Herr Graf«, antwortete der, »ich bin geritten, so schnell ich vermochte, und habe immer nur kurze Zeit neben meinem Pferde geschlafen.«

»Das ist nicht wahr«, sagte der Graf, »wenn du nicht sprechen willst, so werde ich dir schon den Mund aufmachen.«

Da sprach der Bote: »Ach, gnädigster Herr Graf, nur einmal auf jedem Ritt habe ich einen Trunk getan und danach geschlafen, und das war immer bei der Müllerin unten im Tal.«

Da schickte der Graf seine Häscher aus und ließ die Müllerin vor sich bringen.

Er zeigte ihr die Briefe und sprach: »Kennt Ihr die Briefe?«

Da erschrak sie sehr und antwortete: »Ach nein, Herr Graf, wie sollte ich wohl diese Briefe kennen?«

Dann ließ er den Boten hereinführen und sprach: »Kennt Ihr diesen Boten?«

Sie antwortete aber: »Ach nein, Herr Graf, wie sollte ich wohl diesen Boten kennen?«

Dann ließ er seine Frau hereinführen und sprach: »Kennt Ihr diese Frau?«

Da fiel sie auf die Knie und schrie und jammerte: »O weh, o weh! Das ist meine Tochter.«

Da sprach der Graf: »Nun sagt mir noch, wer hat die falschen Briefe gemacht?«

Sie antwortete: »Ach, Herr Graf, der Zauberer dort unten im Walde.«

Da ließ der Graf auch den Zauberer holen und sprach: »Die Müllerin und der Zauberer sollen morgen zusammen verbrannt werden, und der ungetreue Bote soll zusehen und neben dem Aschenhaufen gehängt werden.«

Da bat aber die Frau für den Boten und sprach: »Er hat ja nicht aus bösem Willen gefehlt.«

Da ließ der Graf ihn wacker durchbleuen, daß er heulte und jammerte.

Die Müllerin und der Zauberer aber wurden am nächsten Tage zusammen verbrannt.

[Märchen aus Lothringen]

# Das Waldvögelchen

Im Bergdorf lebte eine Frau, die ihrer Schönheit willen weitum gerühmt wurde. Ihr Mann war gestorben, und zwei Kinder wurden groß, das eine häßlich, das andere schlank und anmutig wie eine Blume. Derweil ihr aber niemand sagte, sie sei hübsch, wußte sie es nicht, sondern blieb einfach und bescheiden und ertrug die Kränkungen der älteren Schwester, die sie beneidete, in stiller Demut. Allein, da war auch die Mutter, die, auf ihre Schönheit eitel, keine duldete, die sie an Gestalt und Glanz übertraf und den Duft der Lieblichkeit ausströmte.

Eines Tages humpelte ein schitteres Weiblein daher, wischte die Nase und rammte den Stock in die Erde. »He, he, schöne Frau, du meinst die Rose am Berg zu sein? Ja, ja, wenn nicht die andere wäre, dein feines Töchterchen, die Seraphine, die aufsprießt zu aller Lust und Wonne!«

Blaß und grau vor Neid und Mißmut, drehte die Mutter sich auf der Treppe nach Seraphine, die just aus dem Dorf kam. Sie mußte es selber eingestehen, ihr Kind war schöner als sie. Dieser Wuchs, die frischen Wangen, Augen wie eine Gemse und das zauberische Lächeln auf den Lippen.

»Mutter, was hast du?« rief Seraphine bestürzt. »Ist dir nicht gut?«

»Ich mag dich nicht mehr sehen und hören. Du bist groß und alt genug, dich selber durch den Tag zu bringen. Fort auf der Stelle, pack dich!«

»O Mutter, was hab ich dir zuleid getan?«

»Fort, fort, und kehr nicht mehr zurück!« Krachend flog die Tür ins Schloß, und es knarrte der Riegel.

»Was hab ich wohl verbrochen, warum werde ich verstoßen?« schluchzte das Mädchen und lief zum Dorf hinaus, durch Flur und Weide, immer dem Weg nach. Sie pflückte Beeren und knusperte die Brotrinde, die sie noch in der Tasche fand, und als sie ein wildes Tier brummen hörte, kehrte sie schleunigst um und suchte der Wildnis zu entfliehen. Immer tiefer geriet sie in den Wald, dunkel ward es, stockfinstere Nacht. »Was tu ich, wo finde ich den Ausgang, ach, Gott im Himmel, steh mir bei!«

Am ganzen Leibe zitternd, sank sie auf einen Stein und betete. Da sah sie ein Lichtlein schimmern.

An das Licht sich klammernd eilte sie, und die Füße trugen sie vor ein großes doppeltüriges Haus. Mit pochendem Herzen spähte sie durch das erleuchtete Fenster und zählte eins, zwei, fünf, zwölf bärtige, knorrige Gesellen, die rund um den Tisch saßen und grobe Reden führten. Aus den verwegenen Augen blitzten Übermut und Grausamkeit. »Gewiß ein Räuberhaus! Wo flieh ich hin?« Sie rannte davon und kroch in eine Höhle, die in der Nähe sich öffnete, empfahl sich der Vorsehung und schlief ein.

Als die Vögel musizierten und der Morgen in die Höhle hineinleuchtete, erwachte sie. Furchtsam trat sie ins Freie und sah das große Haus, in dem die Räuber wohnten. Die Tür ging auf, und einer nach dem andern, mit Spieß und Schwert bewaffnet, überschritten sie die Schwelle und schlugen sich in den Wald. Ihrer elf zählte sie, also mußte einer zurückgeblieben sein.

Rauch ringelte aus dem Kamin, und bald ging auch der letzte, und das Haus war verlassen. Zaghaft schlich sie sich hinüber, öffnete die Pforte, die nicht verschlossen war, und es duftete so herrlich von frischgebackenem Brot, daß ihr das Wasser im Munde zusammenlief. Sie nahm einen braunen Laib aus dem Backofen heraus. Jetzt konnte sie doch ihren Hunger stillen.

Aus Laub und Zweigen machte sie sich in der Höhle ein

Lager zurecht, und als der zweite Morgen graute und die Männer sich entfernt hatten, ging sie wieder hin, stahl ein Brot aus dem Ofen und trug es ins Versteck.

Die zwölf Räuber legten sich tagsüber an die Straße, überfielen und plünderten die Säumerzüge und kehrten mit der Beute beladen nach Hause zurück.

»Pfister, du bist nicht bei Trost«, sagte der Älteste, »schon wieder fehlt ein Brot auf dem Tisch!«

»Gewiß hab ich heute so gut wie gestern zwölf Brote geknetet und in den Ofen geschoben«, rief der Bäcker. »Ich weiß nicht, wo das zwölfte hingekommen ist. Es muß ein Dieb in der Nähe sein.«

Da schrie und lärmte die Bande: »Pfister, du bist ein Tölpel und hast Spinnweben im Hirn. Wer wollte sich erkühnen, in unser Revier zu kommen, just ein Brot zu stibitzen und die Schätze zurückzulassen? Ein Schelm würde doch den ganzen Ofen ausräumen!«

»Nur ruhig Blut, wenn ich den Dieb nicht ertappe, so könnt ihr mich hängen!«

Am nächsten Morgen wartete Seraphine, bis die Räuber das Haus verließen. Im Glauben, auch der Bäcker sei fortgegangen, schritt sie ahnungslos zur Tür und nach dem Backofen, der wieder herrlich duftete, und bediente sich. Oh, wie sie zusammenfuhr, als der Bäcker hinter der Mulde hervorsprang und nach den braunen Zöpfen griff!

»Ein famoser Fang!« triumphierte er, ließ augenblicks los und verstummte. Dieses Seidenhaar, die Augen und das Mädchen wie Schnee und Unschuld! So etwas hatte er noch nie gesehen, so etwas hatten seine Tatzen noch nie berührt. Und doch, und doch, sein eigen Kind, das er einst besessen, geliebt und in der Reinheit seiner Jugend der Erde hatte übergeben müssen! War es nicht vor zehn Jahren, hat ihn nicht der Tod seines Lieblings, das böse Schicksal, die Verzweiflung, zum Räuber gemacht?

»Verzeih mir, liebes Mädchen«, stammelte er, von der Erinnerung und der lieblichen Erscheinung noch ganz benommen. »Ich wollte dir nicht weh tun. Iß und trink, hier ist Brot und Käse, hier ist Honig und Milch, die ich im Ofen wärme. Ich will dich behüten, als ob du mein leibhaftig Töchterchen wärest. Nebenan ist eine Kammer. Ich bleibe heute zu Hause, du darfst dir das Stübchen einrichten und sollst alles haben, was dein Mund und Herz begehrt!«

Als die Gefährten heimkehrten und sich zum Mahle niederließen, sagte der Bäcker: »Ei, hab ich endlich den Dieb erwischt, ein gar putziges, niedliches Waldvöglein, das noch sehr scheu und frostig tut!«

»Ein Mädchen, ist's möglich, ein Mädchen?«

»Wollt ihr sie schauen, wollt ihr artig sein und wie die Schulbuben die Arme verschränken, wenn sie erscheint? Sie ist nicht wie wir, sie soll für uns beten und uns den Himmel wiedergewinnen! Nein, bei meiner Seligkeit, ich gehe nicht mehr auf Raub und Plünderung! Ein Weilchen, und euch wird wie mir geschehen!«

Damit schloß er die Tür auf und winkte Seraphine, die in der Kammer alles gehört hatte, und lud sie höflich ein, oben am Tisch zu sitzen.

Unschlüssig und nicht ohne Bangen trat sie aus dem Stübchen, und die Männer, von ihrem Liebreiz bezaubert, grüßten ehrerbietig und sagten, es werde ihr keiner ein Haar krümmen, sie möchte bei ihnen bleiben und nach dem Rechten sehen. Sie nannten alle ihre Namen: Strelti, Belti, Rotschi, Potschi, Pix, Pux, Mux, Mutti, Dübelbeiß und Eichiboz, Schlaginhaufen, Schwingitotz.

Sie mußte die spaßigen Namen wiederholen, vorwärts und rückwärts hersagen, und ehe das Mahl vorüber war, kannte sie alle ohne Fehl.

Der Älteste strich seinen weißen Bart und sagte: »Es ist Zeit, daß wir uns bekehren und ein anderes Leben führen.

Wir wollen nicht mehr stehlen und rauben, denn wir haben ja unser Auskommen. Wir wollen nützliche Arbeit verrichten und die Straße im Wald verbessern. Das liebe Kind ist ein Geschenk des Himmels, ihm sei Lob und Ehre!«

»Seraphine richtet uns immer das Abendbrot«, rief der Bäcker begeistert, »das Essen wird reichlicher und schmeckt uns doppelt so gut. Willst du hierbleiben und unser Schutzengel sein?«

»Wenn ihr immer so freundlich seid mit mir, so bleibe ich gerne!« erwiderte sie.

»So ist es recht, bravo, bravo!« brauste es in der Runde, und die Männer leerten eine Kanne um die andere auf ihre Gesundheit, bis sie betrunken unter den Tisch fielen.

Als sie am Morgen fortzogen, um die Straße in Angriff zu nehmen, ermahnte der Bäcker: »Seraphine, schließ die Tür von innen, und laß niemand herein! Gute Menschen meiden diese Stätte!«

Unterdessen war zwischen Mutter und Tochter am Berg kein Wort mehr von Seraphine gesprochen worden.

Gewiß hatten die wilden Tiere sie überfallen und getötet. Die Mutter war wieder die Schönste und konnte sich neidlos bewundern lassen.

Eines Tages erschien wieder das Weiblein und streckte die dürren Finger nach dem offenen Fenster, an dem die stolze Frau stand, um sich den Vorübergehenden zu zeigen und an den Schmeichelrufen zu laben. »Hoho, hihi, du glaubst, die Schönste am Berg zu sein; schlag es dir aus dem Kopf! Seraphine pflegt sich bei den Räubern im Wald, sie ist die schönste Rose im Land!«

»Ist sie denn nicht tot?« rief die Mutter, grün und blau vor Ärger. »Ohne Speise ist sie von uns gegangen und hat nichts mehr von sich hören lassen. Flink, flink, zu den Räubern im Wald, und mach, daß ich Ruhe bekomme!«

Das Weiblein kleidete sich als Krämerin und zog durch den Forst zum Räuberhaus, pochte an die Tür, und Seraphine guckte durchs Schiebfensterchen, wer draußen sei.

»Ich bin's, die Krämerin, halte köstliche Sachen feil, Röcke, Kopftücher, Bänder und Hemden, mach auf!«

»Geh nur deines Weges, ich darf nicht aufschließen!«

»Schau das Röcklein, grad wie für dich geschnitten, und das Hemd hier, von der feinsten Seide! Den Riegel auf, und ich paß es dir an den Leib!«

»So komm und kleide mich neu, und ich brauche mich meiner Lumpen nicht mehr zu schämen!«

Die Tür klappte auf, und als Seraphine in das Hemd schlüpfte, fiel sie wie vom Schlag getroffen zu Boden. Die Alte lachte, schlug die Tür zu und steckelte eilig davon.

Als die Männer nach Einbruch der Dunkelheit heimkehrten, wie sie da erschraken und wehklagten!

»Sie atmet noch und lebt«, rief einer, und flink trug der alte Dübelbeiß sie in ihr Stübchen, zog ihr das neue Hemd aus, die alten Kleider wieder an, und sie öffnete die Augen, erhob sich und war wieder wie zuvor. Sie erzählte, was sich zugetragen hatte. Der Bäcker verbrannte das neue Hemd im Ofen und nahm ihr das Versprechen ab, keinem Menschen mehr die Tür aufzumachen.

Nach einiger Zeit kehrte das Weiblein bei der bösen Mutter ein. »Hoho, hihi, schön bist du immer noch; jedoch die Schönste nicht! Die Räuber im Wald, sie hegen und pflegen das schönste der Röslein im Land.«

»Lebt sie immer noch? Wofür hab ich dir den großen Lohn bezahlt?« Wie eine Hummel schoß die Frau in der Stube herum.

»Die Räuber haben ihr das Hemd weggenommen, und da ist sie vom Tod auferstanden. Gib mir den Lohn, und ich schaff es, dir zur Freud und den andern zum Leid!«

Auf einem Eselchen ritt sie in den Wald, fremdartig aufgeputzt. Als sie an die Pforte des Räuberhauses klopfte, rief Seraphine, sie öffne nicht, sie dürfe niemand hereinlassen.

»So wende deine Augen, schönes Kind, und guck, was ich mitgebracht habe: Goldene Ketten, Spangen und hier ein glänzendes Ringlein für dich; dreimal links- und dreimal rechtsum, und was du dir wünschest, wird erfüllt!«

Von dem Gefunkel des kostbaren Geschmeides verwirrt, öffnete Seraphine die Haustüre, und kaum saß der Ring am Finger, brach sie mit einem Schrei wie tot zusammen.

»So, nun hast du ausgepfiffen, schönes Waldvögelchen!« krächzte das Weib und ritt von dannen.

Schlimmes ahnend, stürzten die Männer des Abends durch die offene Pforte, trugen die Leblose in ihr Stübchen und untersuchten in aller Hast ihre Kleider. Da sie nirgends etwas Verdächtiges entdecken konnten und Seraphine nicht mehr aufwachen wollte, jammerten sie und trauerten Tag und Nacht. Schwingitotz fertigte einen gläsernen Schrein, sie betteten ihren Liebling auf weiche Kissen und stellten den Sarg in den Schatten einer Tanne. Der Bäcker aber, als das Mädchen so schön und friedlich schlummerte und nicht mehr aufwachen wollte, geriet außer sich, tobte und heulte, er könne ohne sein Waldvögelein nicht mehr leben, zog das Schwert und stieß es sich mitten ins Herz. Seine Gefährten taten dasselbe und starben in derselben Stunde.

In dem Wald wurde eine große Jagd abgehalten. Der Graf und seine Diener verirrten sich zu dem Räuberhaus und entdeckten den gläsernen Sarg, in dem Seraphine ruhte, und die zwölf Männer daneben, die sich das Leben genommen hatten. »Die Gesellen sind alle tot«, bemerkte der Diener, »das schöne Mädchen jedoch ist sicher nur scheintot. Die Nasenflügelchen, ei, seht doch, wie sie sich leise bewegen!«

»Und was ist das für ein sonderbarer Ring?« sagte der Graf, hob sachte den Deckel und streifte den Ring vom Finger. Sogleich öffneten sich die Augen des Mädchens, sie atmete heftig, stützte sich auf und stieg aus dem Sarge.

»Was ist geschehen?« rief sie schmerzerfüllt. »Meine Freunde sind alle tot!«

»Weil sie ohne dich nicht mehr leben konnten«, sagte der Graf, von ihrer Schönheit gebannt. »Willst du nicht meine Frau werden und auf mein Schloß kommen?« Treuherzig bot er ihr die Hand.

»Wenn du mich liebhast, so will ich dir folgen und eine treue Gattin sein. Zuvor jedoch müssen meine Freunde bestattet werden.«

»Mein Diener wird die Toten rechtmäßig und in Ehren der Erde übergeben. Mein Gefolge erwartet mich, und wir reiten zusammen auf die Burg.«

Nach der Hochzeit ließ der Graf das Gut der Räuber einziehen und den Armen zufließen. Von Mutter und Schwester hat die junge Gräfin nicht mehr gehört, als daß sie beide an einer bösen Krankheit gestorben sind.

[Märchen aus der Schweiz]

# Der Spielmann und die Grafentochter

Vor vielen Jahren wohnte auf einem Schloß ein reicher Graf, der eine wunderschöne Tochter besaß. Allein diese hatte noch niemals in ihrem Leben gelacht, und der Vater war sehr betrübt darüber, da sie sein einziges Kind war. Die Ärzte behaupteten, daß sie krank sei, aber keiner konnte angeben, was das für eine Krankheit sei. Der Graf machte daher bekannt, daß derjenige eine große Belohnung erhalten solle, der seine Tochter heilen und von ihrer Schwermut befreien würde. Viele kamen und versuchten ihr Glück, doch war alles umsonst, und die Grafentochter schaute bei den bunten Festen, die ihretwegen veranstaltet wurden, finster drein, und wenn ringsum alles lachte, so blieb ihr Antlitz doch kalt.

Eines Tages nun meldete sich ein blondlockiger, schöner Jüngling in fremder Tracht, der trug ein Saitenspiel in seiner Linken und bat, der Prinzessin vorgestellt zu werden, damit er ihr das Lied des Lebens vorsinge. Er wurde angenommen, und zur bestimmten Stunde versammelten sich die Männer und Frauen des Hofes, und zwischen dem Grafen und der Gräfin saß ihre bleiche, schwermütige Tochter. Der Jüngling trat ein, verneigte sich, griff in die Saiten und sang, was des Lebens höchste Lust und höchste Qual sei. Als der Gesang zu Ende war, entfuhr der Grafentochter ein entsetzlicher Schrei, und sie sank ohnmächtig zu Boden. Die Mutter hob sie auf und führte sie in ihr Schlafgemach zurück.

Am anderen Morgen ging der fremde Spielmann zum Grafen und sprach: »Die Schwermut Eurer Tochter rührt nicht von einer Krankheit her, sondern von einer Verzauberung. Die nächste Vollmondnacht wird es zeigen.«

Als nun die nächste Vollmondnacht da war, gingen der Graf und der Spielmann heimlich in den Park.

»Herr Graf«, flüsterte der Spielmann, »seht Ihr dort nicht etwas auf dem Dach?«

»Ja, ganz deutlich«, antwortete der Graf. »Drei Katzen sind es, zwei graue und eine weiße.«

Die zwei grauen Katzen jagten und verfolgten die weiße und zausten und bissen sie, und die weiße Katze schrie erbärmlich. Nun reichte der Spielmann dem Grafen ein ausgehöhltes Totenbein und sagte: »Schaut hindurch auf das Dach, Herr Graf! Aber erschreckt nicht, und bewahrt das Geheimnis fest in Eurer Brust.«

Der Graf schaute durch das Totenbein und sah zwei alte, struppige, graue Weiber, die wütend ein schönes, weißes und liebliches Mädchen verfolgten. Das Mädchen war seine Tochter! Als die Uhr auf dem Turm eins schlug, war alles verschwunden.

Der Graf stand bleich da, rang die Hände und rief: »Mein armes Kind, was mußt du leiden!«

Und in seinem Schmerz versprach er dem, der seine Tochter erlösen würde, ihre Hand und sein ganzes Gut.

Der junge Spielmann gelobte, sein Blut daranzusetzen, um die Grafentochter zu retten. Am anderen Tage nahm er Abschied von dem Grafen, und nachdem er sein Versprechen wiederholt hatte, wanderte er fort, immer der Grafentochter gedenkend. Als er nun eines Tages unter einem Baume Rast hielt, kam ein Vöglein, setzte sich auf einen Ast und sang:

> »Rein ist dein Sinn;
> Komm, folge mir!
> Ich führ' dich hin,
> Wo Rat wird dir.«

Der Spielmann stand auf, ging dem Vöglein nach und kam tief in den Wald zu einer kleinen Hütte. Darin wohnte ein alter Einsiedler, dem erzählte er von dem Unglück der Grafentochter und dem Schmerz des Vaters.

»Ja, ich weiß es«, sagte der Einsiedler, als der Jüngling seine Erzählung beendet hatte; »die Mutter ist schuld daran, denn damit ihre Schönheit immer gleich bleibe, opferte sie die Tochter den Hexen. Diese plagen nun das arme Mädchen in jeder Nacht von zwölf bis ein Uhr, hetzen und beißen sie, bis es einmal mit ihr aus sein wird. Dann werden sie ihr Herz zerreißen und es auffressen.«

»Aber die Mutter war doch sehr besorgt um sie«, warf der Spielmann ein.

»Das ist alles nur Heuchelei«, versetzte der Einsiedler. »Heuchelei, mit der sie die ganze Welt täuscht.«

»Und kann ich die Grafentochter nicht erlösen?« fragte der Jüngling.

»Das kannst du«, antwortete der Einsiedler, »wenn du den Mut hast, die Hexen zu fangen. Du brauchst dazu einen Sack, genäht aus dem Kleid einer Jungfrau, die noch das ganze Glück des Menschen in ihrer Brust trägt. Hast du aber die Hexen im Sack, so mußt du ihn schnell zubinden und in einen wohlgeheizten Ofen werfen. Du mußt auch den Sack gut halten, damit keine Katze vorbeiläuft, denn sonst würde ein großes Unglück geschehen. Die Katze würde dich zerreißen und fressen. Das Vöglein, das dich zu mir geführt hat, wird dich auch zu der Jungfrau führen, die dir das Kleid geben soll. Sonst könntest du lange suchen, und die Hilfe käme zu spät.«

Der Spielmann bedankte sich für die gute Weisung und bat den Einsiedler um seinen Segen, damit er das Werk auch recht vollführen möge. Der Einsiedler tat nach seinem Willen, legte ihm die Hände auf das Haupt und segnete ihn.

Dann ging der Spielmann seines Weges.

Das Vöglein führte ihn über viele Berge in ein Tal, in dem er ein schönes Mädchen fand. Sie jauchzte in der Pracht des angehenden Tages, verrichtete dann kniend ein kurzes Gebet und wollte sich an die Arbeit machen.

Da trat der Spielmann auf sie zu und fragte sie, ob sie glücklich sei.

»Ja, ich bin glücklich«, antwortete des Mädchen, »gesunden Schlaf habe ich und einen frohen Mut und ein gutes Gewissen auch. Mir ist so wohl, daß ich mit niemand tauschen möchte.«

Jetzt trug der Spielmann sein Anliegen vor und sagte ihr, daß er zur Verrichtung einer guten Tat etwas von ihr erbitten müsse, das Kleid, das sie auf ihrem Leibe trage. Das Mädchen nickte mit dem Kopf und kehrte in die Hütte zurück; aber bald war sie wieder da und schenkte dem Spielmann das beste Kleid, das sie besaß, da sie wußte, daß eine Menschenseele dadurch gerettet werden sollte. Fröhlich trat der Spielmann den Rückweg an.

Als er zu dem Grafen kam, sagte er ihm, daß jetzt die Rettung seiner Tochter nicht mehr fern sei, und der Graf war hocherfreut darüber. Und wieder in der Vollmondnacht stellte sich der Spielmann, nachdem er alle Dachfenster bis auf eins fest verschlossen hatte, auf und wartete. Als es ein Uhr schlug, kam die weiße Katze vom Dach gesprungen und wollte durch das offene Fenster schlüpfen. Diese ließ er herein. Die beiden grauen Katzen aber, die hinter der weißen hergerannt kamen, fing er in dem entgegengehaltenen Sack auf, band diesen schnell zu und warf ihn in einen glühend gemachten Ofen, so daß die Hexen unter jämmerlichem Geschrei verbrannten.

Von diesem Augenblick an hatte die Grafentochter Ruhe. Ihr Antlitz wurde hell, ihre Wangen färbten sich rot, und jetzt sah man erst, wie schön die junge Gräfin war. Die alte Gräfin dagegen wurde von Tag zu Tag häßlicher, denn der Neid verzerrte ihre Gesichtszüge.

Der Graf war erstaunt darüber, und eines Tages fragte er den Spielmann, woher das komme. Da erzählte dieser alles, was er von dem Einsiedler erfahren hatte, und sofort wurde die Mutter auf ein fernes Jagdschloß, das dem Grafen gehörte, gebracht. Die Erlöste aber war ihrem Erlöser hold, und so wurde bald eine fröhliche Hochzeit gefeiert. Aus dem Spielmann wurde ein junger Graf. Der Mutter wurde später verziehen, nachdem sie ihre Schuld abgebüßt hatte. Aber auch des jungen Mädchens gedachte der Graf; er gab ihr ein viel schöneres Kleid, als sie ihm gegeben hatte, und sandte ihr reiche Geschenke, und den alten Einsiedler nahm er zu sich ins Schloß und hielt ihn in hohen Ehren, bis er starb.                [Märchen aus Posen]

# Der Krautesel

Es war einmal ein junger Jäger, der ging in den Wald auf Anstand. Er hatte ein frisches und fröhliches Herz, und als er daherging und auf dem Blatt pfiff, kam ein altes häßliches Mütterchen, das redete ihn an und sprach: »Guten Tag, lieber Jäger, du bist wohl lustig und vergnügt, aber ich leide Hunger und Durst, gib mir doch ein Almosen.«
Da dauerte den Jäger das arme Mütterchen, daß er in seine Tasche griff und ihr nach seinem Vermögen etwas reichte. Nun wollte er weitergehen, aber die alte Frau hielt ihn an und sprach: »Höre, lieber Jäger, was ich dir sage, für dein gutes Herz will ich dir ein Geschenk machen: geh nur immer deiner Wege, über ein Weilchen wirst du an einen Baum kommen, darauf sitzen neun Vögel, die haben einen Mantel in den Krallen und raufen sich darum. Da lege du deine Büchse an und schieß mitten drunter. Den Mantel werden sie dir wohl fallen lassen, aber auch einer von den Vögeln wird getroffen sein und tot herabstürzen. Den Mantel nimm mit dir, es ist ein Wunschmantel, wenn du ihn um die Schultern wirfst, brauchst du dich nur an einen Ort zu wünschen, und im Augenblick bist du dort. Aus dem toten Vogel nimm das Herz heraus und verschluck es ganz, dann wirst du allen und jeden Morgen früh beim Aufstehen ein Goldstück unter deinem Kopfkissen finden.«
Der Jäger dankte der weisen Frau und dachte bei sich: »Schöne Dinge, die sie mir versprochen hat, wenn's nur auch allso einträfe.«
Doch wie er etwa hundert Schritte gegangen war, hörte er

über sich in den Ästen ein Geschrei und Gezwitscher, daß er aufschaute. Da sah er einen Haufen Vögel, die rissen mit den Schnäbeln und Füßen ein Tuch herum, schrien, zerrten und balgten sich, als wollt's ein jeder allein haben.

»Nun«, sprach der Jäger, »das ist wunderlich, es kommt ja gerade so, wie das Mütterchen gesagt hat«, nahm die Büchse von der Schulter, legte an und tat seinen Schuß mitten hinein, daß die Federn herumflogen. Alsbald nahm das Getier mit großem Schreien die Flucht, aber einer fiel tot herab, und der Mantel sank ebenfalls herunter. Da tat der Jäger, wie ihm die Alte geheißen hatte, schnitt den Vogel auf, suchte das Herz, schluckte es hinunter und nahm den Mantel mit nach Hause.

Am anderen Morgen, als er aufwachte, fiel ihm die Verheißung ein, und er wollte sehen, ob sie auch eingetroffen wäre. Wie er aber sein Kopfkissen in die Höhe hob, da schimmerte ihm das Goldstück entgegen, und am andern Morgen fand er wieder eins, und jedesmal, wenn er aufstand. Er sammelte sich einen Haufen Gold, endlich aber dachte er: »Was hilft mir all mein Gold, wenn ich daheim bleibe? Ich will ausziehen und mich in der Welt umsehen.« Da nahm er von seinen Eltern Abschied, hing seinen Jägerranzen und seine Flinte um und zog in die Welt. Es trug sich zu, daß er eines Tages durch einen dicken Wald kam, und wie der zu Ende war, lag in der Ebene vor ihm ein ansehnliches Schloß. In einem Fenster desselben stand eine Alte mit einer wunderschönen Jungfrau und schaute herab.

Die Alte aber war eine Hexe und sprach zu dem Mädchen: »Dort kommt einer aus dem Wald, der hat einen wunderbaren Schatz im Leib, den müssen wir darum berücken, mein Herzenstöchterchen. Uns steht das besser an als ihm. Er hat ein Vogelherz bei sich, deshalb liegt jeden Morgen ein Goldstück unter seinem Kopfkissen.« Sie erzählte ihr, wie es damit beschaffen wäre und wie sie darum zu spielen hätte, und zuletzt drohte sie und sprach mit zornigen Augen: »Und wenn du mir nicht gehorchst, so bist du unglücklich.«

Als nun der Jäger näher kam, erblickte er das Mädchen und sprach zu sich: »Ich bin nun so lang herumgezogen, ich will einmal ausruhen und in das schöne Schloß einkehren, Geld hab ich ja vollauf.«

Eigentlich aber war die Ursache, daß er ein Auge auf das schöne Bild geworfen hatte.

Er trat in das Haus ein und ward freundlich empfangen und höflich bewirtet. Es dauerte nicht lange, da war er so in das Hexenmädchen verliebt, daß er an nichts anderes mehr dachte und nur nach ihren Augen sah, und was sie verlangte, das tat er gerne.

Da sprach die Alte: »Nun müssen wir das Vogelherz haben, er wird nicht spüren, wenn es ihm fehlt.«

Sie richteten einen Trank zu, und wie der gekocht war, tat sie ihn in einen Becher und gab ihn dem Mädchen, das ihn dem Jäger reichte. Da sagte es: »Nun, mein Liebster, trink mir zu.« Da nahm er den Becher, und wie er den Trank geschluckt hatte, brach er das Herz des Vogels aus dem Leibe. Das Mädchen mußte es heimlich fortschaffen und dann selbst verschlucken, denn die Alte wollte es haben. Von nun an fand er kein Gold mehr unter seinem Kopfkissen, sondern es lag unter dem Kissen des Mädchens, wo es die Alte jeden Morgen holte. Aber er war so verliebt und vernarrt, daß er an nichts anderes dachte, als sich mit dem Mädchen die Zeit zu vertreiben.

Da sprach die alte Hexe: »Das Vogelherz haben wir, aber den Wunschmantel müssen wir ihm auch abnehmen.« Da antwortete das Mädchen: »Den wollen wir ihm lassen, er hat ja doch seinen Reichtum verloren.«

Da ward die Alte böse und sprach: »So ein Mantel ist ein wunderbares Ding, das selten auf der Welt gefunden wird, den soll und muß ich haben.« Sie schalt das Mädchen und sagte, wenn es ihr nicht gehorchte, sollte es ihm schlimm ergehen. Da tat es nach dem Geheiß der Alten, stellte sich einmal ans Fenster und schaute in die weite Gegend, als wäre es ganz traurig.

Da fragte der Jäger: »Was stehst du so traurig da?«

»Ach, mein Liebster«, gab es zur Antwort, »da gegenüber liegt der Berg, wo die köstlichen Edelsteine wachsen. Ich trage so großes Verlangen danach, daß ich ganz traurig bin, wenn ich daran denke; aber wer kann sie holen! Nur die Vögel, die fliegen, kommen hin, ein Mensch nimmermehr.«

»Hast du weiter nichts zu klagen«, sagte der Jäger, »den Kummer will ich dir bald vom Herzen nehmen.«

Damit faßte er sie unter seinen Mantel und wünschte sich hinüber auf den Edelsteinberg, und im Augenblick saßen sie auch beide dort. Da schimmerte das edle Gestein von allen Seiten, daß es eine Freude war anzusehen, und sie lasen die schönsten und kostbarsten Stücke zusammen. Nun hatte es aber die Alte durch ihre Hexenkunst bewirkt, daß dem Jäger die Augen schwer wurden.

Er sprach zu dem Mädchen: »Wir wollen ein wenig niedersitzen und ruhen. Ich bin so müde, daß ich mich nicht mehr auf den Füßen erhalten kann.« Da setzten sie sich, und er legte sein Haupt in ihren Schoß und schlief ein. Wie er eingeschlafen war, da band es ihm den Mantel von den Schultern und hing ihn sich selbst um, las die Edelsteine auf und wünschte sich damit nach Haus.

Als der Jäger erwachte, sah er, daß seine Liebste ihn betrogen und auf dem wilden Gebirge allein gelassen hatte. »Oh«, sprach er, »wie ist die Untreue so groß auf der Welt!« Er saß da in Sorge und Herzeleid und wußte nicht, was er anfangen sollte. Der Berg aber gehörte wilden und ungeheuren Riesen, die hier wohnten und ihr Wesen trieben, und er saß nicht lange, da sah er ihrer drei daherschreiten. Da legte er sich nieder, als wäre er in tiefen Schlaf versunken.

Nun kamen die Riesen herbei, und der erste stieß ihn mit dem Fuß an und sprach: »Was liegt da für ein Erdwurm und beschaut sich inwendig?« Der zweite sprach: »Tritt ihn tot.« Der dritte aber sprach verächtlich: »Das wäre der Mühe wert! Laßt ihn nur leben, hier kann er nicht bleiben, und wenn er höher steigt bis auf die Bergspitze, so packen ihn die Wolken und tragen ihn fort.«

Unter diesem Gespräch gingen sie vorüber, der Jäger aber hatte auf ihre Worte gemerkt, und sobald sie fort waren, stand er auf und erklomm den Berggipfel. Als er eine Weile da gesessen hatte, schwebte eine Wolke heran, ergriff ihn, trug ihn fort und zog eine Zeitlang am Himmel her, dann senkte sie sich und ließ sich über einem großen, rings mit Mauern umgebenen Krautgarten nieder, so daß er zwischen Kohl und Gemüsen sanft auf den Boden kam.

Da sah der Jäger sich um und sprach: »Wenn ich nur etwas zu essen hätte, ich bin so hungrig, und mit dem Weiterkommen wird's schwerfallen; aber hier seh ich keinen Apfel und keine Birne, überall nichts als Kraut und Salat.« Endlich dachte er: »Zur Not kann ich von dem Salat essen, der schmeckt nicht sonderlich, wird mich aber erfrischen.«

Also suchte er sich ein schönes Haupt aus und aß davon, aber kaum hatte er ein paar Bissen hinabgeschluckt, so war ihm so wunderlich zumute, und er fühlte sich ganz verändert. Es wuchsen ihm vier Beine, ein dicker Kopf und zwei lange Ohren, und er sah mit Schrecken, daß er in einen Esel verwandelt war. Doch weil er dabei immer noch großen Hunger spürte und ihm der saftige Salat nach seiner jetzigen Natur gut schmeckte, so aß er mit großer Gier immerzu. Endlich gelangte er an eine andere Art Salat, aber kaum hatte er etwas davon verschluckt, so fühlte er aufs neue eine Veränderung und kehrte in seine menschliche Gestalt zurück.

Nun legte sich der Jäger nieder und schlief. Als er am andern Morgen erwachte, brach er ein Haupt von dem bösen und eins von dem guten Salat ab und dachte: »Das soll mir zu dem Meinigen wieder helfen und die Treulosigkeit bestrafen.«

Dann steckte er die Häupter zu sich, kletterte über die Mauer und ging fort, das Schloß seiner Liebsten zu suchen. Als er ein paar Tage herumgestrichen war, fand er es wieder. Da bräunte er sich sein Gesicht, daß ihn seine eigene Mutter nicht erkannt hätte, ging in das Schloß und bat um eine Herberge.

»Ich bin so müde«, sprach er, »und kann nicht weiter.« Da fragte die Hexe: »Landsmann, wer seid Ihr, und was ist Euer Geschäft?«

Er antwortete: »Ich bin ein Bote des Königs und war ausgeschickt, den köstlichsten Salat zu suchen, der unter der Sonne wächst. Ich habe ihn auch gefunden, und ich trage ihn bei mir, aber die Sonnenhitze brennt gar zu stark, daß mir das zarte Kraut zu welken droht, und ich nicht weiß, ob ich es weiterbringen werde.«

Als die Alte von dem köstlichen Salat hörte, ward sie lüstern und sprach: »Lieber Landsmann, laß mich doch den wunderbaren Salat versuchen.«

»Warum nicht?« antwortete er. »Ich habe zwei Häupter mitgebracht und will Euch eines geben«, machte seinen Sack auf und reichte ihr das böse hin. Die Hexe dachte an nichts Arges, und der Mund wässerte ihr so sehr nach dem neuen Gericht, daß sie selbst in die Küche ging und es zubereitete. Als es fertig war, konnte sie nicht warten, bis es auf dem Tisch stand, sondern sie nahm gleich ein paar Blätter und steckte sie in den Mund. Kaum aber waren sie verschluckt, so war auch die menschliche Gestalt verloren, und sie lief als eine Eselin hinab in den Hof.

Nun kam die Magd in die Küche, sah den fertigen Salat da stehen und wollte ihn auftragen, unterwegs aber überfiel sie, nach alter Gewohnheit, die Lust zu versuchen, und sie aß ein paar Blätter. Alsbald zeigte sich die Wunderkraft, und sie ward ebenfalls zu einer Eselin und lief hinaus zu der Alten, und die Schüssel mit Salat fiel auf die Erde. Der Bote saß in der Zeit bei dem schönen Mädchen, und als niemand mit dem Salat kam und es doch auch lüstern danach war, sprach es: »Ich weiß nicht, wo der Salat bleibt.«

Da dachte der Jäger: »Das Kraut wird schon gewirkt haben«, und sprach: »Ich will nach der Küche gehen und mich erkundigen.« Wie er hinabkam, sah er die zwei Eselinnen im Hof herumlaufen, der Salat aber lag auf der Erde. »Schon recht«, sprach er, »die zwei haben ihr Teil weg«, und hob die übrigen Blätter auf, legte sie auf die Schüssel und brachte sie dem Mädchen. »Ich bring Euch selbst das köstliche Essen«, sprach er, »damit Ihr nicht länger zu warten braucht.«

Da aß sie davon und war alsbald wie die übrigen ihrer menschlichen Gestalt beraubt und lief als eine Eselin in den Hof.

Nachdem sich der Jäger sein Gesicht gewaschen hatte, also daß ihn die Verwandelten erkennen konnten, ging er hinab in den Hof und sprach: »Jetzt sollt ihr den Lohn für eure Untreue empfangen.« Er band sie alle drei an ein Seil und trieb sie fort, bis er zu einer Mühle kam. Er klopfte an das Fenster, der Müller steckte den Kopf heraus und fragte, was sein Begehren wäre. »Ich habe drei böse Tiere«, antwortete er, »die ich nicht länger behalten mag. Wollt Ihr sie bei Euch nehmen, Futter und Lager geben, und sie halten, wie ich Euch sage, so zahl ich dafür, was Ihr verlangt.«

Da sprach der Müller: »Warum nicht? Wie soll ich sie aber halten?«

Da sagte der Jäger, der alten Eselin, und das war die Hexe, sollte er dreimal täglich Schläge und einmal zu fressen geben; der jüngeren, welche die Magd war, einmal Schläge und dreimal Futter; und der jüngsten, welche das Mädchen war, keinmal Schläge und dreimal zu fressen; denn er konnte es doch nicht über das Herz bringen, daß das Mädchen sollte geschlagen werden. Darauf ging er zurück in das Schloß, und was er nötig hatte, das fand er alles darin.

Nach ein paar Tagen kam der Müller und sprach, er müßte melden, daß die alte Eselin, die nur Schläge bekommen hätte und nur einmal zu fressen, gestorben wäre. »Die zwei andern«, sagte er weiter, »sind zwar nicht gestorben und kriegen auch dreimal zu fressen, aber sie sind so traurig, daß es nicht lange mit ihnen dauern kann.«

Da erbarmte sich der Jäger, ließ den Zorn fahren und sprach zum Müller, er sollte sie wieder hertreiben. Und wie sie kamen, gab er ihnen von dem guten Salat zu fressen, daß sie wieder zu Menschen wurden. Da fiel das schöne Mädchen vor ihm auf die Knie und sprach: »Ach, mein Liebster, verzeiht mir, was ich Böse an Euch getan, meine Mutter hatte mich dazu gezwungen; es ist gegen meinen Willen geschehen, denn ich habe Euch von Herzen lieb. Euer Wunschmantel hängt in einem Schrank, und für das Vogelherz will ich einen Brechtrunk einnehmen.«

Da ward er anderes Sinnes und sprach: »Behalt es nur, es ist doch einerlei, denn ich will dich zu meiner treuen Ehegemahlin annehmen.«

Und da ward Hochzeit gehalten, und sie lebten vergnügt miteinander bis an ihren Tod.
[Märchen der Brüder Grimm]

# Die drei Gaben

Es war einmal ein Zarensohn, der ging an einem Winter-
morgen auf die Jagd. Wie er so durch den Schnee stapfte,
begann seine Nase zu bluten. Als er nun das rote Blut auf
dem weißen Schnee erblickte, dachte er bei sich: »Ach,
gern würde ich ein Mädchen heiraten, so weiß wie Schnee
und so rot wie Blut!«
In diesen Gedanken versunken, begegnete er einer Alten.
Er fragte sie, ob es solch ein Mädchen gäbe.
»Ja, mein Sohn«, antwortete sie, »solch eines gibt es. Dort
im Walde steht ein türloses Haus mit nur einem Fenster,
durch das man hinein- und hinausgeht; darin wohnt solch
ein Mädchen. Aber wer immer sie zu freien ging, kam
nimmer zurück!«
»Wahrlich«, sagte der Zarensohn, »und wenn ich auch
nicht zurückkäme, ich geh zu ihr.«
Als die Alte das hörte, tat er ihr leid. Sie griff in ihre Ta-
sche, zog ein Stück Brot hervor und reichte es ihm.
»Da, nimm dieses Brot«, sprach sie, »aber hüte es wie dein
Augenlicht!«
Er nahm von ihr das Brot und bedankte sich dafür.
Wie der Zarensohn weiterging, begegnete er einer anderen
Alten. Sie fragte ihn, wohin er gehe, und er sagte ihr, er
gehe das Mädchen freien. Auch diese Alte riet ihm ab und
warnte ihn mit denselben Worten wie die erste.
Er aber sagte zu ihr: »Mit Gott, ich gehe und sollte ich
niemals zurückkehren!«
Da griff die Alte in ihre Tasche und reichte ihm eine Hasel-
nuß. »Behüte gut diese Nuß«, sprach sie, »sie wird dir ein-
mal nötig sein.«

Er nahm die Haselnuß, bedankte sich und zog weiter.

Bald traf der Zarensohn eine dritte Alte, die neben dem Wege saß, und auch sie fragte ihn, wohin er gehe. Er sagte ihr, er gehe das Mädchen freien.

Als das die Alte vernahm, fing sie an zu weinen und flehte ihn an, er solle sein Vorhaben aufgeben. Sie warnte ihn vor dem Mädchen, wie die zwei Alten vorher. Er aber wollte auch sie nicht anhören und gab sein Vorhaben nicht auf.

Da reichte ihm die Alte eine Walnuß und sprach: »Nimm diese Nuß und bewahre sie gut, bis du sie nötig hast.«

Der Zarensohn war über diese Geschenke sehr erstaunt und fragte die dritte Alte, was das bedeuten soll, daß ihm die erste ein Stück Brot, die nächste eine Haselnuß und sie ihm eine Walnuß gab?

»Wenn du das Haus im Walde erreichst«, sprach die Alte, »dann wirf das Brot den wilden Tieren vor, daß sie dich nicht zerreißen. Und wenn du in große Not kommst, dann frage zuerst die Haselnuß um Rat und dann die Walnuß.«

Er dankte ihr für alles und ging nachdenklich weiter.

Bald kam der Zarensohn in einen dichten Bergwald, und inmitten des Waldes erblickte er ein Häuschen. Als er näher kam, stürzten sich viele wilde Tiere auf ihn. Da warf er ihnen das Brot vor, so wie die Alte ihm gesagt. Nachdem alle Tiere das Brot beschnuppert hatten, legten sie sich friedlich auf den Bauch und zogen den Schwanz ein.

Nun wollte er das Haus betreten, aber eine Tür gab es nicht. Und das Fenster war so hoch oben, daß er es nicht erreichen konnte. Da bemerkte er, wie jemand aus dem Fenster ein goldenes Haar herunterhängen ließ. Flugs ergriff er es und zog sich an ihm empor. Und als er ins Haus kam, was erblickte er dort? Ein wunderschönes Mädchen stand vor ihm, so weiß wie Schnee und so rot wie Blut! Wie freuten sich beide!

»Danke Gott«, sprach sie ihn an, »daß meine Mutter nicht

hier ist. Sie ging in die Berge, Kräuter zu pflücken. Junge Männer will sie damit in wilde Tiere verwandeln, so wie sie es mit allen tat, die mich bisher gefreit haben. Und hätte Gott dir nicht beigestanden, die Verhexten vor dem Hause hätten dich zerrissen. Aber komm, fliehen wir!«

So flohen sie durch den Bergwald, so schnell sie konnten. Doch als sie sich umsahen, bemerkten sie die Mutter des Mädchens, die sie verfolgte. Sie erschraken sehr, denn die Alte hatte sie fast schon erreicht.

Da fiel dem Zarensohn in dieser Not die Haselnuß ein. Er zog sie hervor und fragte sie: »Um Gottes willen, Haselnuß, was sollen wir jetzt tun?«

»Öffne mich!« antwortete sie

Als er sie öffnete, entströmten ihr reißende Flüsse, die der Alten den Weg abschnitten. Sie aber schlug mit ihrem Stock auf das Wasser, daß es sich teilte und einen Weg freigab. So konnte sie ihnen weiter nacheilen.

Als die beiden dies sahen, nahm der Zarensohn die Walnuß hervor und fragte sie: »Um Gottes willen, Walnuß, was sollen wir jetzt tun?«

»Zerschlage mich!« antwortete sie.

Sowie er sie zerschlug, flammte aus ihr ein Feuer, daß der ganze Bergwald in Brand geriet. Die Alte aber spie in die Glut, löschte damit das Feuer aus und eilte ihnen weiter nach.

Jetzt erkannte der Zarensohn, daß die Alte mit dem Teufel im Bunde war. Er verneigte sich gen Osten, bekreuzigte sich und rief: »Allmächtiger Gott, hilf uns!«

Da fuhr ein Blitzstrahl vom Himmel hernieder und traf die Alte; dann öffnete sich die Erde und verschlang sie.

So kam der Zarensohn mit dem Mädchen gesund nach Hause. Sie vermählten sich, und er wurde glücklich mit ihr.

[Märchen aus Serbien]

# Rougatajas Tochter

Es lebte einmal vor Zeiten in einer breiten Waldlichtung der alte Rougataja mit seinem Weibe. Sie hatten auch eine Tochter, die nicht in natürlicher Beschaffenheit zur Welt gekommen war. Dennoch bemühte sich die Mutter, sie nach Art der Menschenkinder aufzuziehen, um späterhin einen Schwiegersohn zu bekommen. Es ging die Rede, daß das Mädchen wohl menschliche Haut hatte, daß aber unter dem Gewande Tannenrinde den Körper deckte. Dennoch hoffte die Mutter, sie mit der Zeit an den Mann zu bringen, und schickte deshalb das Mädchen überallhin unter die Leute, wo nur in den Dörfern eine Gasterei oder Festlichkeit vorkam. Der Tochter schöne Kleider, vielfach gewundene Perlenschnüre, Halsgeschmeide von vergoldeten Münzen, große Brustspangen und Seidenbänder stachen den jungen Burschen wohl in die Augen, aber Freier zogen sie doch nicht ins Haus. Die Burschen lachten und spotteten: »Oben hübsch und glatt, unterhalb rauh wie Krötenhaut.«
Damit nun die Tochter nicht zuletzt daheim als alte Jungfer verschimmele, suchte die Mutter bei einer Hexenmutter Hilfe. Sie ließ von ihr einen geheimnisvollen Trank bereiten, der, sobald ein Junggeselle unversehens davon kostete, ihn unfehlbar trieb, dem Mädchen nachzugehen, er mochte nun wollen oder nicht. Die Mutter gab der alten Hexe ein Bündelchen mit Haaren nebst anderen Heimlichkeiten von ihrer Tochter, womit die Hexe das Mittel für die Burschen bereiten sollte.
Als der Wundertrank gekocht war, sagte die Hexe: »Von

diesem Naß sieben Tropfen in Speise oder Trank geträufelt, betören jeden Burschen, der davon kostet.«

Danach wurde auf dem Hof des Rougataja ein großer Gastschmaus angerichtet, zu welchem von allen Seiten Menschen zusammengebeten wurden, besonders zahlreich aber Junggesellen, damit die Jungfer aus der Schar derselben einen wählen könnte, der nach ihrem Geschmack wäre. Als das Gelage nun schon zwei Tage im Gange war, zeigte die Tochter ihrer Mutter einen jungen Mann, den sie sich gar sehr zum Gemahl ersehnte. Die schlaue Mutter tat heimlich sieben Tropfen vom Zaubertrank in einen Kuchen und gab ihn dem Burschen zu essen, worauf der arme Schelm nirgends mehr seines Bleibens fand, sondern wie das Kätzchen nach dem Strohhalm der Tochter Rougatajas nachlaufen mußte, da er sonst weder Tag noch Nacht Ruhe hatte.

Bald darauf erschien er als Freier, und sein Branntwein wurde freundlich angenommen. Einige Wochen später wurde ein prächtiges Hochzeitsmahl angerichtet, so daß noch Kinder und Kindeskinder der Pracht und Herrlichkeit gedachten.

Als das junge Paar abends in die Kammer geführt wurde, um zu Bette zu gehen, fand der Bräutigam unter der Decke so viel Unheimliches, daß ihm das Blut im Herzen gerann. Noch in derselben Nacht nahm der die Flucht und ließ die junge Frau zurück. Mutter und Tochter warteten wohl noch eine Zeitlang, daß der Liebestrank der Hexenmutter den Mann wieder herlocken würde. Als noch eine Woche verstrichen war und der Mann gleichwohl ausblieb, regten sich Zweifel in ihnen. Endlich kam die Nachricht, daß der entwichene Mann eine andere Frau gefreit hatte, und damit nahm denn ihr Harren und Hoffen ein Ende.

Ein Jahr später hörte die alte Frau des Rougataja, daß ihres vormaligen Schwiegersohnes Frau einen Knaben geboren hatte. Da reizte ein böser Anschlag ihr Herz, daß sie nirgends mehr Ruhe fand, bis mit Hilfe der Hexe des Kindes Mutter in einen Werwolf verwandelt wurde. Sodann schaffte sie heimlich ihre Tochter an Stelle der Wöchnerin ins Bett. Da aber die Tochter keine Brust hatte, wie Frauen sie sonst haben, so konnte sie auch das Kind nicht säugen. Wohl goß sie Kuhmilch in die aus Borke geformte Brust, allein das Kind nahm sie nicht, sondern schrie Tag und Nacht vor Hunger, daß der Zeter kein Ende nahm. Es wurden zwar Kindesbaderinnen und Tränenstillerinnen von nah und fern geholt, allein das Kind ließ nicht ab zu schreien.

Eines Tages rief der Vater zornig: »Tragt den Schreihals aus der Stube, sonst sprengt er mir die Ohren, ich kann sein Geschrei nicht länger aushalten.«

Die Wärterin ging mit dem Kind hinaus, da kam auf dessen Geschrei aus einem Erlenbusch eine Wölfin hervor, entriß der Wärterin das Kind, tat aber weder ihr noch dem Kinde ein Leid, sondern legte es an die Brust und säugte es. Als das Kind eingeschlummert war, brachte die Wärterin es nach Haus und legte es in die Wiege, wo es bis zum andern Tage ganz ruhig lag. Die Wärterin ließ nichts verlauten von dem Vorfall mit der Wölfin, ging aber den folgenden Tag wieder aufs Feld, wo sich alles ganz so begab wie tags zuvor. Dabei war die Wärterin guter Laune, und auch der Vater des Kindes war seines Lebens wieder froher geworden, weil kein Geschrei mehr im Hause war, derweil die Wöchnerin noch immer schwerkrank zu Bette lag und vorgab, weder Hand noch Fuß rühren zu können. Als nun am dritten Tage die Wärterin wieder ging, dem Kind seine Amme zu suchen, sagte die Wölfin: »Ich darf nicht jeden Tag ins Freie kommen, das Kind zu säugen. Wenn du es aber alle Morgen an den Erlenbusch am Ukkofelsen bringst, so will ich es säugen. Doch mußt du am Rande des Busches Wache halten, damit nicht jemand plötzlich dazukomme und uns sieht. Auch du selbst darfst nicht eher nach dem Kinde kommen, bis ich dich rufe.«

Die Wärterin tat wie geboten war, und die Sache ging über eine Woche lang vortrefflich. Das Kind gedieh zusehends, schlief ruhig und erwachte aus dem Schlafe mit freundlich lächelndem Antlitz.

Eines Tages dünkte der Wärterin das Säugen der Wölfin allzulange zu dauern, und das Verbot übertretend ging sie heimlich zu spähen, was wohl die Amme mit dem Kinde machen möchte. Ein wunderbares Ding war es denn freilich, was sie da erblickte. Am Ukkofels saß eine junge nackte Frau, das Kind auf ihrem Schoße, welches sie zärtlich liebkoste und auf den Armen schaukelte. Endlich nahm sie eine Wolfshaut vom Felsen, schlüpfte hinein und rief dann die Wärterin, daß sie käme, das Kind zu nehmen. Als die Wärterin dies drei Tage beobachtet hatte, konnte sie zu Hause nicht mehr ihren Mund halten, sondern tat dem Vater alles kund, was bisher täglich mit dem Kinde geschehen war, sowohl das Säugen durch die Wölfin als auch die Gestalt der Frau, die aus der Wolfshaut herausgeschlüpft war. Der Mann schloß sofort, daß es hier nicht mit rechten Dingen zugehen könne; er verbot der Wärterin, das Geheimnis irgend jemand weiterzusagen, und eilte selbst zu einem berühmten weisen Manne, um Rat und Hilfe zu suchen.

Der weise Mann sagte, als er die Erzählung gehört hatte: »Hier scheint einer bösen Hexe Werk dahinterzustecken. Wir müssen versuchen, durch List die Wolfshaut zu erlangen und zu vernichten, dann werden wir sehen, was dahintersteckt.« Dann befal er dem Manne, in der Nacht den Ukkofelsen glühend heiß zu machen, damit, wenn die Wölfin die Haut wieder auf den Fels werfen würde, diese verbrannt würde. Der Mann fuhr den anderen Tag ein Paar Fuder Holz um den Fels und zündete dann in der Nacht das Holz an, wodurch der Ukkofelsen glutrot wurde, wie die Glühsteine eines Badstubenofens. Als dann die Zeit herannahte, wo des Kindes Säugerin zu kommen pflegte, räumte er Brände und Asche beiseite und schlüpfte selbst hinter das Gebüsch in ein Versteck, wo er alles sehen konnte, ohne selbst gesehen zu werden. Auf des Kindes Geschrei kam die Wölfin aus dem Walde gelaufen, nahm der Wärterin das Kind ab und legte es dann so lange ins Gras, bis sie die Wolfshaut abgezogen und auf den Felsrand geworfen hatte. Dann nahm sie das Kind auf den Schoß und begann es zu säugen. Je schärfer der Mann die Frau ansah, desto bekannter wurden ihm Gesicht und Gestalt. Ja, er erkannte seine Frau und begriff jetzt, weshalb die Wöchnerin noch immer zu Hause im dunklen Zimmer saß. Er sprang nun aus dem Gebüsch hervor und eilte auf die Frau zu. Diese schrie vor Schrecken auf, legte das Kind ins Gras und wollte ihre Wolfshaut wieder vom Felsen nehmen und anziehen, aber das Fell war ganz verbrannt und nur ein kleines Ende davon geblieben. Auch dieses warf jetzt der Mann auf die heißeste Stelle, wo nun die letzten Fetzen zu Asche verbrannten. Dann zog er seinen Rock aus, gab ihn der Frau, sich damit zu bedecken, und bat sie, so lange mit dem Kinde dazubleiben, bis er nach Hause ginge, die Badstube zu heizen. Zu Hause tat er freundlich mit der Wöchnerin: »Du mußt heute in die Badstube gehn, Liebste, dann wirst du schneller gesund werden.«

Die Frau sträubte sich mit aller Macht dagegen, sie könne den Luftzug nicht vertragen: »Wenn ich so über den Hof ginge, so würde ich draußen ohnmächtig werden und mir den Tod holen.«

Der Mann erwiderte: »Das hat nichts zu sagen, wir wikkeln dir Mund und Augen in eine Decke, so daß der Luftzug deinem zarten Körper nicht schaden kann.« Damit war die Frau ganz zufrieden, denn sie fürchtete nicht den Luftzug, sondern des Mannes Auge, der den Betrug gleich erkannt haben würde.

Als die in die Decke gewickelte Wöchnerin mit Hilfe des

Mannes in die Badstube gebracht worden war, machte der Mann die Tür so fest zu, daß keine lebende Seele herein- noch herauskommen konnte, setzte sich dann zu Pferde und jagte im Galopp nach Rougatajas Hof. In die Stube tretend rief er mit freundlicher Stimme: »Guten Tag, liebe Schwiegermutter! Ich komme Euch zu danken, daß ihr mir ein gutes Weib erzogen und mich von der Ofengabel von Frau losgemacht habt, die ich in meinem einfältigen Sinn gefreit hatte. Wir leben glücklich miteinander, und deshalb wünscht die Tochter Euch zu sehen, damit Ihr Euch selbst von unserem Glück überzeugen könnt.« Rougatajas Frau merkte den Betrug nicht, sondern freute sich, daß die Sache so gutgegangen war. Der Schwieger- sohn spannte an, setzte sich mit der Schwiegermutter auf den Wagen und fuhr nach Haus. Hier sagte er: »Eure Toch- ter ist in die Badstube gegangen. Habt Ihr nicht auch Lust hineinzugehen, um den Staub der Fahrt abzuwaschen?« »Warum nicht!« erwiderte die Mutter. Der Mann ließ sie in die Badstube treten, verschloß die Tür und warf dann den roten Hahn aufs Dach. Da verbrannte denn die Badstube samt Rougatajas Frau und ihrer Tochter.

Da jetzt das Haus von der bösen Sippschaft gereinigt war, nahm der Mann Weib und Kind zu sich, und sie lebten ungestört bis an ihr Ende.

[Märchen aus Estland]

# Von Giovannino und Caterina

Es war einmal ein reicher Bauer, der hatte eine Frau und zwei Kinder. Ein Knabe, der hieß Giovannino, und ein Mädchen, das hieß Caterina.

Die kleine Caterina schickte er in die Schule zu einer Lehrerin, die tat immer sehr freundlich mit ihr und fragte sie oft: »Hättest du mich gerne zu deiner Mutter?«

Caterina war klein und unverständig und antwortete: »Gewiß, denn Ihr gebt mir immer Süßigkeiten, aber meine Mutter gibt mir nie welche.«

Eines Tages sprach nun die Lehrerin: »Caterina, wenn du mich wirklich zu deiner Mutter willst, so mußt du tun, was ich dir sage. Wenn du heute nach Hause kommst, so verlange von deiner Mutter eine Feige. Sage ihr aber, sie solle sie dir aus der großen Truhe holen. Unterdessen halte du den Deckel, und wenn sie sich über die Truhe beugt, so laß den Deckel fallen; dann mache ihn wieder auf und stecke ihr eine Feige in den Mund. Dann wirst du sehen, daß ich deine Mutter werde.«

Caterina ging nach Haus und bat ihre Mutter um eine Feige aus der Truhe. Als nun die Mutter sich über die Truhe beugte, ließ Caterina den Deckel fallen, daß er der Frau auf den Hals fiel und ihr das Genick brach. Dann machte Caterina den Deckel auf, steckte der Mutter eine Feige in den Mund und machte den Deckel wieder zu.

Als nun der Vater nach Hause kam und seine Frau in der Truhe eingeklemmt sah, lief er hinzu und machte die Truhe auf. Da sah er sie mit der Feige im Mund und dachte: »Ihre Gier hat sie ums Leben gebracht.«

Und alle Nachbarn sagten: »Konnte sie nicht die Feige erst ordentlich mit der Hand herauslangen?«

Die Frau aber war tot und wurde begraben.

Nach einer Weile sprach die Lehrerin wieder zu Caterina: »Wenn du mich zu deiner Mutter haben möchtest, so sage deinem Vater, er solle mich heiraten, du und dein Bruder, ihr würdet es gut bei mir haben.«

Caterina sagte das ihrem Vater, der aber antwortete: »Ach, Kind, glaube doch nicht, was deine Lehrerin dir verspricht. Sie würde es machen wie alle anderen Stiefmütter und dich plagen.«

Caterina aber bat ihren Vater immer wieder, die Lehrerin doch zu heiraten. Da hing der Vater über seinem Bette ein Paar eiserne Stiefel auf und sprach: »Wenn diese Stiefel aufgebraucht sein werden, dann will ich deine Lehrerin heiraten.«

Caterina ging hin und fragte die Lehrerin um Rat, die sprach: »Jeden Morgen, wenn dein Vater auf dem Felde ist, mußt du die Stiefel in einer Pfütze reiben, so werden der Rost und Schmutz sie verbrauchen.«

Caterina tat, wie die Lehrerin ihr befohlen, und nach einigen Monaten hatten die Stiefel Löcher. Da zeigte sie Caterina ihrem Vater und sprach: »Jetzt, lieber Vater, müßt ihr meine Lehrerin heiraten.«

»Gut«, antwortete der Vater, »wenn sie dich aber nachher quält und mißhandelt, so mußt du nicht zu mir kommen und klagen.«

Da heiratete der Vater die Lehrerin, und einen Monat lang ging alles gut. Die Lehrerin aber hatte eine Tochter, die war so häßlich und schwarz, daß niemand sie ansehen mochte. Da Caterina nun jeden Tag schöner wurde, so konnte die Stiefmutter sie bald nicht mehr leiden und wurde zuerst kalt und gleichgültig gegen sie. Bald aber fing sie an, sie zu mißhandeln und zu schlagen, gab ihr wenig zu essen, und Caterina mußte alle niedrige und schwere Arbeit tun. Da weinte sie oft, aber ihr Vater sagte ihr nur: »Warum hast du auf mich nicht hören wollen? Jetzt mußt du eben leiden.«

Eines Tages sprach die Stiefmutter zu Caterina: »Du faules Mädchen, immer legst du die Hände in den Schoß. Hier hast du einen Korb voll Flachs, den mußt du bis heute abend spinnen, und wenn er nicht fertig ist, so bekommst du Schläge und nichts zu essen. Du kannst aber zugleich die Schafe hüten, denn den ganzen Tag sitzen und spinnen, das ist ja eine Kinderarbeit.«

Damit gab sie ihr einen großen Korb voll Flachs, den sie nimmer in einem Tag spinnen konnte. Caterina nahm den Flachs und ging weinend auf das Feld, wo die Schafe weideten.

Als sie nun dasaß und weinte, redete sie der Leithammel der Herde an und fragte sie, warum sie weinte. Da erzählte sie ihm ihr Unglück und wie die böse Stiefmutter sie plage.

»Lege dich nur schlafen«, antwortete der Leithammel, »ich will dir deinen Flachs schon spinnen.« Caterina aber legte sich schlafen, und als sie aufwachte, lag der Flachs im Korb, gesponnen und gehaspelt. Da wartete sie noch, bis es Abend wurde, und ging dann nach Haus und brachte der Stiefmutter den Flachs.

Die war sehr erstaunt, aber sie sagte nur: »Siehst du wohl, du faules Mädchen, daß du arbeiten kannst, wenn du nur willst.«

Den nächsten Morgen gab sie ihr einen viel größeren Korb mit Flachs und schickte sie wieder auf das Feld. Caterina ging weinend hin und klagte dem Hammel ihre Not.

»Lege dich nur schlafen«, sprach er, »ich will den Flachs schon spinnen.« Also legte sich Caterina wieder schlafen, und als sie aufwachte, war der Flachs gesponnen und gehaspelt.

Die Stiefmutter konnte sich nicht genug darüber verwundern, als ihr Caterina den Flachs brachte, und beschloß am dritten Morgen, ihr nachzugehen.

Also gab sie ihr noch einen viel größeren Korb mit, und als Caterina wieder auf das Feld ging, schlich sie ihr nach. Da sah sie, wie Caterina sich schlafen legte und der Hammel statt ihrer den Flachs spann, und wenn er nur das Spinnrad berührte, so fiel gleich der Flachs gesponnen und gehaspelt herunter.

Da schlich sie wieder nach Haus, und als Caterina ihr den Flachs brachte, sprach sie: »Höre, Caterina, morgen abend mußt du den Hammel nach Hause bringen, dann wollen wir ihn schlachten.«

Da weinte Caterina und ging den nächsten Morgen weinend ins Feld hinaus. Da sprach der Hammel: »Caterina, warum weinst du denn schon wieder?«

»Soll ich nicht weinen?« antwortete sie. »Heute abend muß ich dich nach Haus nehmen, und da sollst du geschlachtet werden.«

»Gut«, sprach der Hammel, »sei nicht traurig. Wenn mich der Metzger schlachtet, so laß dir die Eingeweide geben und suche darin, so wirst du drei goldene Kügelchen finden, die verwahre gut, sie werden dir nützen. Dann aber entfliehe mit deinem Bruder, denn bei deiner Stiefmutter könnt ihr doch nicht bleiben. Hüte dich jedoch, daß du dich dem Meere näherst, sonst wirst du zu einer Seeschlange.«

Da nahm Caterina den Hammel und brachte ihn in das Haus, und er wurde geschlachtet. Caterina aber ließ sich die Eingeweide geben und durchsuchte sie, bis sie die drei goldenen Kügelchen fand. Dann rief sie ihren Bruder Giovannino, und beide machten sich leise auf den Weg.

Als sie eine Zeitlang gewandert waren, wurden sie so müde, daß sie kaum mehr weiterkonnten.

Da nahm Caterina die drei goldenen Kügelchen und wünschte sich ein wunderschönes Schloß mit einem Garten, wie ihn selbst der König nicht schöner hatte, und sich selbst und ihren Bruder mitten darin.

Da wurden Giovannino und Caterina in ein wunderschönes Schloß versetzt, darin konnten sie herrlich leben, und daneben war ein Garten, wie ihn selbst der König nicht schöner hatte. Das Schloß aber lag dicht am Meeresstrand, darum durfte Caterina nie auf die Straße, nie in den wunderschönen Garten und nicht einmal an ein offenes Fenster, sondern mußte immer eingesperrt bleiben.

Da begab es sich eines Tages, daß der König auf die Jagd ritt und auch an dem Schloß vorbeikam. Als er nun an den wunderschönen Garten kam, hielt er sein Pferd an und sprach: »Ach, was ist das für ein schöner Garten, schöner als der meinige; könnte ich doch nur ein wenig eintreten.«

Das hörte Giovannino und trat ans Tor und fragte den König, was er wünsche.

»Darf ich in Euren Garten eintreten?« fragte der König.

»Der Garten gehört nicht mir«, antwortete Giovannino, »sondern meiner Herrin. Ich will sie aber fragen, ob sie Euch erlaubt einzutreten.«

Da eilte er zu seiner Schwester und sprach: »Denke dir nur, Caterina, der König ist da und will unseren Garten sehen, soll ich ihn hineinführen?«

»Gewiß«, antwortete Caterina. Da führte er den König in den Garten und zeigte ihm die schönen Blumen, und der Jüngling gefiel dem König so gut, daß er ihn fragte, ob er mit ihm gehen wolle auf sein Schloß.

»Erst muß ich meine Herrin fragen«, antwortete Giovannino und lief zu seiner Schwester und sprach: »Denke dir nur, Caterina, der König will mich mitnehmen auf sein Schloß.«

»Geh nur, Giovannino«, sagte sie, »ich bin ja gut verwahrt; wer weiß, es ist vielleicht unser Glück.«

Da ging Giovannino mit dem König und wohnte bei ihm

und wurde sein erster Kammerdiener, und der König gewann ihn so lieb, daß er ihn wie einen Freund behandelte und oft zu ihm sagte: »Giovannino, ich werde mich nicht eher verheiraten, als bis du mir ein Mädchen anempfiehlst.«

Einmal antwortete Giovannino: »Nun wohl, Majestät, ich habe eine Schwester, die ist so schön wie die Sonne und so tugendhaft, wie es keine zweite gibt, die müßt ihr heiraten.«

»Wohl«, sprach der König, »gehe hin und sage deiner Schwester, ich würde morgen kommen, sie zu holen.«

Giovannino ging eilends zu seiner Schwester und sprach: »Ach, denke dir nur, Caterina, morgen will der König kommen, dich zu holen, daß du seine Frau werdest.«

»Ach«, sprach Caterina, »ich kann aber nicht auf die Straße; laß also geschwind einen gedeckten Gang machen, vom Fenster meines Schlafzimmers bis zu einem Fenster im königlichen Schloß.«

Da holte Giovannino eine große Anzahl Arbeiter, und sie mußten den ganzen Tag und die ganze Nacht arbeiten, um den gedeckten Gang fertig zu machen.

Am nächsten Morgen, als der Gang fast fertig war, klopften auf einmal zwei Frauen an die Tür des Schlosses, das waren die Stiefmutter und ihre Tochter, zu denen der Ruf von Caterinas Schönheit auch gedrungen. Als sie nun hereintraten, taten sie sehr freundlich, und die Alte sprach zu Caterina: »Ach, liebe Caterina, wie lange haben wir dich nicht gesehen! Wir haben gehört, du seiest eine schöne reiche Dame geworden, und sind gekommen, dir einen Besuch zu machen.«

Caterina empfing sie freundlich und fing an, ihnen zu erzählen.

Da rief auf einmal Giovannino aus dem bedeckten Gang heraus: »Caterina, kleide dich in den königlichen Mantel, denn wir sind gleich fertig.«

Caterina aber konnte ihn nicht recht verstehen, da sie nicht an das offene Fenster treten durfte, und fragte daher die Stiefmutter: »Was sagt mein Bruder?«

Da antwortete das falsche Weib: »Dein Bruder hat gesagt, du sollst einmal ans Fenster treten.«

Da trat sie ans Fenster, und in demselben Augenblicke wurde sie zu einer Seeschlange und verschwand. Die Stiefmutter aber bekleidete schnell ihre Tochter mit dem königlichen Mantel und befahl ihr, sich das Gesicht mit ihrem Tuch zu bedecken.

Als nun Giovannino mit dem Gang fertig war, schritt die falsche Caterina schnell hindurch, damit er nicht Zeit haben sollte, sie zu sehen. Als sie aber vor den König kam, mußte sie doch ihr Gesicht zeigen. Da wurde der König sehr zornig, daß sie so schwarz und häßlich sei, und schickte sie und ihre Mutter in ein einsames Haus im Walde, dort sollten sie bleiben; den Giovannino aber wollte er fortjagen. Der wußte gar nicht, wie ihm geschah. Als er aber nach Hause kam und im Zimmer seiner Schwester das offene Fenster erblickte, wurde ihm alles klar. Da kam er wieder zum König und erzählte ihm alles. Weil ihn der König dennoch so liebhatte, so nahm er ihn wieder in seinen Dienst.

Oft aber pflegte er zu sagen: »Giovannino, Giovannino, du bist so hübsch und verständig, aber einmal hast du mich doch getäuscht.« Da wurde Giovannino immer sehr betrübt, aber er konnte seine Schwester eben nicht erlösen.

Unterdessen lebte die falsche Stiefmutter mit ihrer Tochter im Walde und dachte nur darüber nach, wie sie den armen Giovannino auch verderben könne.

Da kam sie eines Tages zum König und sprach: »Denkt Euch nur, was Giovannino sich anmaßt. Er will in einer Nacht auf Eurem Schloßplatz drei Brunnen errichten. Aus dem ersten soll Wasser fließen, aus dem zweiten Öl, aus dem dritten Wein.«

Da ließ der König den Giovannino rufen und sprach zu ihm: »Du hast dich vermessen, in einer Nacht auf meinem Schloßplatz drei Brunnen zu errichten, aus denen Wasser, Öl und Wein fließen soll. Wenn die drei Brunnen morgen früh nicht fertig sind, so jage ich dich fort.«

Ganz betrübt ging Giovannino fort und kam an den Strand des Meeres, dort fing er an zu weinen und seine Schwester zu rufen: »Ach, Caterina, liebe Caterina, was soll ich tun in meiner Not!«

Mit einem Male rauschte das Wasser, und eine Seeschlange erhob sich daraus und frug: »Hier bin ich, was willst du?« Da erzählte er ihr sein Leid und wie ihm nichts übrig bleibe, als sich ins Wasser zu werfen.

Sie aber sprach: »Sei nur nicht so mutlos; nimm diesen Zauberstab und schlage damit heute nacht an drei verschiedenen Stellen des Schloßplatzes auf das Pflaster, so werden sich die drei Brunnen erheben.«

Giovannino nahm den Zauberstab, und in der Nacht schlug er damit das Pflaster des Schloßplatzes, und es erhoben sich drei prächtige Brunnen, aus denen floß Wasser, Öl und Wein.

Als der König aufwachte und zum Fenster hinaussah, war er hocherfreut über die Künste seines Dieners und beschenkte ihn reichlich.

Bald aber kam die Stiefmutter zum zweiten Mal und sprach: »Giovannino hört nicht auf, sich seiner Künste zu rühmen, und hat sich vermessen, in einer Nacht einen Palast ganz aus Kristall zu bauen, und es soll nichts darin fehlen.«

Da ließ der König den armen Giovannino rufen und befahl ihm, bis zum nächsten Morgen einen Palast aus Kristall zu bauen. Es dürfe aber nichts darin fehlen, sonst würde er ihn fortjagen.

Giovannino ging wieder weinend an das Ufer des Meeres und rief seine Schwester. Da erhob sich die Seeschlange aus den Wellen, und er erzählte ihr das neue Verlangen des Königs. Da schenkte sie ihm wieder einen Zauberstab und sprach: »Schlage nur damit auf die Erde, so wird sich der ganze Palast erheben.«

In der Nacht tat er es, und siehe da, es erhob sich ein Kristallpalast, wie ihn der König nicht schöner hatte. Als der König ihn sah, beschenkte er seinen treuen Diener reichlich und hatte ihn lieber als je.

Die böse Stiefmutter aber hatte keine Ruhe, sondern kam wieder zum König und sprach: »Zweimal ist es Giovannino gelungen. Jetzt aber rühmt er sich, ein Schauspiel veranstalten zu können, das mir zu vermessen scheint. Er hat gesagt, er würde in einer Nacht einen großen Backofen mit einem riesigen Feuer bauen, und den nächsten Morgen sollten auf sein Geheiß alle Fische des Meeres in einem langen Zuge kommen und sich in die Flammen stürzen.«

Das möchte ich gern sehen, rief der König und ließ Giovannino holen und befahl ihm, auch dieses Kunststück zu vollbringen.

»Wie kann ich denn den Fischen des Meeres befehlen?« frug Giovannino ganz erschrocken.

»Zweimal ist es dir gelungen«, sprach der König, »nun mußt du auch diesmal dein Wort wahrmachen, sonst lasse ich dir den Kopf abschlagen.«

Da ging Giovannino wieder an das Ufer des Meeres, und er rief weinend seine Schwester, und als sie kam, klagte er ihr sein Leid. »Wohl«, sprach sie, »nimm diesen Zauberstaub, gehe hin zum König und sage ihm, du wärest bereit, morgen das Schauspiel zu veranstalten. Er soll einige Tribünen errichten lassen, um alles bequemer sehen zu können. Dann schlage mit dem Stab auf die Erde, so wird sich der Ofen erheben. Morgen früh nun werden die Fische in einem langen Zug erscheinen und sich in den Ofen werfen. Hüte dich aber, einen davon zu fangen, selbst wenn dich der König darum bittet. Ganz zuletzt werde auch ich kommen. Dann beuge dich über die Öffnung des Ofens, damit ich in deinen Busen kriechen kann, anstatt mich ins Feuer zu werfen. Dann eile nach Hause, halte eine große Badewanne mit Milch bereit, und wirf mich hinein, so werde ich meine menschliche Gestalt wiedererlangen. Vollführe alles genauso, wie ich dir gesagt habe, sonst kann ich nicht mehr erlöst werden.«

Da ging Giovannino zum König und bat ihn, die Tribünen am Ufer des Meeres errichten zu lassen, und in der Nacht schlug er mit dem Zauberstab auf den Boden. Da erhob sich ein gewaltiger Ofen mit einem riesigen Feuer.

Am anderen Morgen versammelte sich der König und sein Hofstaat, und sie nahmen auf den Tribünen Platz. Alles Volk aus der Stadt und der Umgegend war herzugelaufen, um das wunderbare Schauspiel zu sehen. Da stieg ein unermeßlicher Zug von Fischen aus dem Meere, die kleinen zuerst und die großen zuletzt, und warfen sich in das Feuer, und einige schillerten in den glänzendsten Farben.

Da riefen der König und alle Zuschauer: »Ach, Giovannino, gib mir doch diesen Fisch oder jenen, nur den einen.«

Er aber antwortete immer nur: »Eure Majestät haben mir befohlen, alle Fische des Meeres zu verbrennen, und ich will sie alle verbrennen.«

Zuletzt kam die Seeschlange, da bat der König: »Ach, Giovannino, es ist die letzte, gib mir nur diese.«

Er aber sagte: »Ich sollte sie alle verbrennen, und ich werde sie auch alle verbrennen.«

Damit beugte er sich über die Öffnung des Ofens, und unbemerkt schlüpfte die Seeschlange in seinen Busen. Da eilte er nach Hause, wo das Milchbad bereitstand. Er warf die Schlange hinein, und sogleich wurde sie wieder zu seiner schönen Schwester, und sie war noch viel schöner, als sie früher gewesen war. Da freuten sich die Geschwister, daß der Zauber glücklich gelöst war.

Den nächsten Morgen ging Giovannino nicht seiner Gewohnheit gemäß zum König, und als dieser aufstand, war er sehr erzürnt, seinen treuen Diener nicht zu sehen. Er schickte einen Boten in sein Schloß, ihn zu rufen.

Als der Bote klopfte, sprach Caterina zu ihrem Bruder: »Bleibe du hübsch ruhig drinnen, ich werde statt deiner antworten.«

Als sie aber ans Fenster trat, ward der Bote so ergriffen von ihrer wunderbaren Schönheit, daß er sie mit offenem Munde anstarrte und kein Wort hervorzubringen vermochte. Der König schickte alle seine Diener und alle seine Edelleute nacheinander hin, aber keiner kam zurück, denn sobald sie das wunderschöne Mädchen erblickten, blieben sie wie versteinert stehen.

Zuletzt wurde der König ungeduldig und lief selbst vor das Schloß. Caterina sah ihn kommen, zog sich schnell vom Fenster zurück und sagte zu ihrem Bruder: »Gehe du jetzt hinunter und empfange den König.«

Der König fragte unterdessen seine Diener ganz erstaunt, warum denn keiner zurückgekehrt sei.

Da sagten sie ihm, sie hätten ein Mädchen gesehen von so wunderbarer Schönheit, daß sie sich nicht mehr hätten rühren können. Zugleich kam Giovannino heraus und sprach: »Majestät, meine Schwester ist zurückgekehrt, und wenn ihr noch immer willens seid, meinem Rat gemäß Eure Gemahlin zu wählen, so wählet meine Schwester Caterina.«

Da ging der König ins Schloß, und als er Caterina sah, ward er so entzückt von ihrer Schönheit, daß er sogleich ausrief: »Ja, nur du und keine andere soll meine Gemahlin sein.«

Da wurde Caterina mit köstlichen, königlichen Kleidern angetan, und ein glänzendes Hochzeitsfest wurde gefeiert. Die böse Stiefmutter aber und ihre häßliche Tochter mußten in dem einsamen Walde bleiben, bis sie starben.

[Märchen aus Sizilien]

# Die gute Stiefmutter

Es war einmal ein König und eine Königin, die hatten keine Kinder. Darüber waren beide sehr traurig.

Eines Tages ging die Königin spazieren. Der Schnee lag meterdick. Sie blutete aus der Nase. Da wünschte sie sich ein Töchterchen, das so rot sein sollte wie Blut und so weiß wie Schnee. Dies aber hörte des Königs Knecht, der ein böser Zauberer war. Und er sprach einen Fluch über ihren Wunsch aus: »Du sollst diese Tochter haben, aber du sollst sie hassen.«

So verging lange Zeit. Auf einmal erkannte die Königin, daß sie mit einem Kinde ging. Als nun die Stunde näherrückte, da sie gebären sollte, sprach sie zu ihrem Mann: »Das Kind, das ich zur Welt bringen werde, bringt jedermann nur Unglück. Sorge dafür, daß es gleich nach der Geburt getötet wird.«

»Niemals will ich diese Bitte erfüllen«, sprach der König entsetzt.

Alsbald gebar die Königin ein wunderschönes Mädchen, das war so weiß wie Schnee und so rot wie Blut. Es wurde Ingeborg genannt. Der König ließ ihr ein eigenes Haus errichten und vertraute sie einer Kinderfrau an. Darüber wurde die Königin zornig.

Indessen wuchs das Mädchen heran, und es wurde so schön, daß die Leute glaubten, noch nie eine schönere Jungfrau gesehen zu haben.

Eines Tages erkrankte die Königin, und da sie glaubte, daß sie das Krankenlager nicht mehr lebend werde verlassen können, ließ sie ihre Tochter rufen und sprach ihr leise

Worte ins Ohr, die niemand vernahm. Kurz darauf starb die Königin. Der König ließ sie begraben und trauerte sehr um sie. Ingeborg aber ging in ihre Kammer und weinte bitterlich.

Nicht weit von diesem Königreich aber lebte ein Fürst auf einer Insel, der hatte eine Tochter, die hieß Hild. Um sie freite der König, und er bekam sie zur Frau. In seinem Schloß feierte man ein großes schönes Hochzeitsfest. Ingeborg aber saß immerfort in ihrer Kammer und weinte.

Da ging die junge Königin eines Tages zur Kammer Ingeborgs, pochte an die Tür und bat um Einlaß. Endlich öffnete Ingeborg ihrer Stiefmutter. Da bat diese sie, mit ihr hinaus in den Wald zu gehen. Ingeborg wollte zuerst nicht, und erst nachdem die Königin lange in sie gedrungen war und sie inständig gebeten hatte, willigte sie endlich ein. So kam es, daß beide sich im Wald ergingen.

»Sage mir, was ist dein Kummer, was bedrückt dich so sehr?« sprach die junge Königin.

Ingeborg aber gab ihr keine Antwort. Schließlich gelangten sie an einen großen Fluß, und die Königin sprach: »Willst du, daß ich dich in den Fluß stoße, wenn du mir nicht sagst, was dich so sehr bedrückt?«

Da sprach Ingeborg: »Ach, meine Mutter hat über mich einen Fluch gesprochen. Im Hause meines Vaters soll ich ein Kind bekommen, soll ich einen Mann töten, soll ich endlich meines Vaters Schloß verbrennen.«

»Sei getrost, das soll dich nicht mehr bekümmern«, antwortete die Königin, »aus dieser Not werde ich dir heraushelfen. Höre, was ich dir sagen werde: Laß deines Vaters Knecht rufen, sage ihm, du hättest eine seltene schöne Pflanze auf der Meeresklippe gesehen. Er soll sie dir holen. Wenn er dann so hoch an der Klippe hinaufgeklettert ist, daß er nicht mehr weiterkann, dann laß das Seil los, so daß er ins Meer stürzen muß, denn er ist ein böser Zauberer.«

76

Ingeborg folgte dem Rat ihrer Stiefmutter, und der böse Knecht fand so den Tod.

Als die Königin einmal mit dem König allein war, sprach sie zu ihm: »Warum sitzt du nur immer in deinem Schloß und gehst niemals in den Wald hinaus wie andere Könige?«

»Nun, wenn es dein Wunsch ist, daß ich hinausgehe, so will ich ihn dir gern erfüllen.«

So kam es, daß der König mit seinem ganzen Gefolge in den Wald zog.

Da ging die Königin zu Ingeborg, sagte ihr, daß niemand von ihres Vaters Männern mehr im Schloß sei. Dann half sie ihr, alle Kostbarkeiten aus dem Schloß zu holen. Als alles in Sicherheit gebracht war, legte Ingeborg Feuer an das Schloß. Die Stiefmutter gab ihr sodann ein Knäuel und sprach: »Wirf dieses Knäuel auf die Erde. Folge immer dem Faden. Es führt dich tief in den Wald hinein. Schließlich wird es vor einer kleinen Hütte liegenbleiben. Achte nun gut darauf, daß du den Bewohner der Hütte eher siehst als er dich. Wenn du aber von mir träumst, dann komm so schnell du kannst zu mir!«

Ingeborg tat, wie ihr die Stiefmutter geheißen hatte, und kam zu jener Hütte. Sie trat ein und stellte sich sogleich hinter die Türe. Es verging eine geraume Weile, dann betrat ein Riese die Hütte. Er trug einen Bären auf dem Rücken und warf ihn auf den Boden. Da sah er Ingeborg. Sie aber hatte ihn zuerst gesehen. Ingeborg bat ihn im Namen ihrer Stiefmutter, einige Nächte verweilen zu dürfen. Er gewährte es. In der Hütte sah Ingeborg ein riesengroßes aufgedecktes Bett. Darunter stand ein kleines, das war kreisrund.

»Willst du lieber bei mir oder bei meinem Hund schlafen?« fragte der Riese.

»Ach, laß mich nur bei deinem Hund schlafen.«

So vergingen einige Nächte. Eines Nachts aber erwachte

Ingeborg. Es dröhnte gewaltig in der Hütte, es war ein Bersten, daß man meinte, die Erde würde zerspringen. Ein Ungeheuer in Menschengestalt kam in die Hütte. Es trug eine Haube aus Ochsenhaut, Hosen aus Pferdehaut, und seine Weste war aus der Haut eines Eishaifisches. Sein Kopf war so häßlich wie die Nacht. Seine Nase war schief und krumm. Sein Haar war kohlpechrabenschwarz, und genauso schwarz war seine Haut. Der Rachen war schief, und ein riesiger Zahn ragte daraus hervor. Über diesen Anblick erschrak Ingeborg so sehr, daß sie in das Bett des Riesen hineinsprang.

In jener Nacht träumte sie von der Königin. Als sie erwachte, eilte sie sogleich aus der Hütte, dem Königsschloß zu. Dort sah sie die Königin, die in einem seidenen Hemd auf dem Scheiterhaufen saß. Da eilte sie zum Scheiterhaufen, stieß die Knechte beiseite, band die Königin los und nahm sie bei der Hand. Sie führte sie vor ihren Vater und sprach, er lohne es ihrer Stiefmutter schlecht, daß die sie aus ihrer Not habe befreien wollen. Sie habe sie doch von einem schicksalsschweren Zauber erlöst.

Da antwortete der König, er habe von alledem nichts gewußt. Er habe nichts anderes geglaubt, als daß die Königin sie, seine Tochter, mitsamt dem Schloß verbrannt habe.

Einige Monde gingen ins Land. Ingeborg aber wurde immer schwerer unter dem Gürtel. Eines Tages ritt ein prächtig gekleideter Mann auf rotem Roß vor das Schloß und hielt um Ingeborg an. Bald darauf wurde Hochzeit gefeiert.

Es dauerte nicht mehr lange, und Ingeborg gebar ein Kind. Sie wußte nun, daß ihr Gatte der Vater ihres Kindes und der Riese in der Hütte war, den ein böser Zauber verwünscht hatte. Und er war niemand anders als der Bruder der Königin.

Ingeborg und ihr Mann liebten einander von Herzen

bis in ihr hohes Alter. Nach dem Tode des Königs bekamen sie und ihre Kinder alle Macht und das ganze Königreich.

[Märchen aus Island]

# Die gelbe Kuh

Es waren einmal ein Kaufmann und seine Frau, die hatten nur eine einzige Tochter, die sie sehr liebten. Als das Mädchen alt genug geworden war, meldete es der Vater in der Koranschule an. Es erhielt dort Unterricht bei einer Lehrerin, die eine Witwe war. Als die Lehrerin hörte, daß der Vater ihrer Schülerin ein wohlhabender Mann war, begann sie sich bei dem Mädchen einzuschmeicheln, daß dieses sie bald mehr liebte als die eigene Mutter. Die boshafte, habgierige Frau trieb es sogar so weit, das Mädchen dazu anzustiften, seine Mutter in ein Faß mit Essig zu stoßen, in dem diese jämmerlich ertrank. Dem Vater schilderten sie den Hergang des Anschlags dann in einer Weise, daß er keinerlei Verdacht schöpfte, sondern glaubte, ein schreckliches Unglück sei schuld am Tode seiner geliebten Frau.

Am selben Tage aber, da die Mutter gestorben war, fand sich im Stall neben dem Haus eine gelbe Kuh, von der niemand wußte, woher sie stammte.

Es dauerte nicht lange, da hatte die Lehrerin den Vater des Mädchens dazu überredet, sie zu heiraten. Und wenn sie sich anfangs noch Mühe gab, das Mädchen, das nun ihre Stieftochter war, freundlich zu behandeln, so änderte sie ihr Gebaren, als sie eines Tages eine eigene Tochter bekam. Jeden Morgen schickte sie nun das Mädchen mit der gelben Kuh auf die Weide und gab ihr für den ganzen Tag nur ein kleines, trockenes oder gar schimmeliges Brot mit. Außerdem sollte sie einen Ballen roher Baumwolle verspinnen. Ein Spinnrad, mit dem sie die Arbeit hätte tun können, gab die Stiefmutter ihr nicht.

Als das Mädchen mit der Kuh allein auf der Weide war und nicht wußte, wie es die Baumwolle verspinnen sollte, begann es zu weinen, denn es fürchtete die Strafe der Stiefmutter.

Da tröstete die Kuh das Mädchen und sprach: »Gib mir das Brot zu essen und reiche mir die Baumwolle, dann will ich dir feines Baumwollgarn machen.« Dann verschlang die Kuh erst das Brot und danach die Baumwolle. Kurze Zeit später gab sie allerfeinstes Baumwollgarn von sich.

Das Mädchen wickelte das Garn sorgfältig auf und brachte es am Abend der Stiefmutter. Die staunte nicht wenig über die Menge und die Feinheit das Garnes. Am zweiten Tage geschah alles in derselben Weise. Am dritten Tag aber trug der Wind ein Büschel Baumwolle davon und wehte es in einen tiefen Brunnen hinein. Das Mädchen lief eilig hinzu und wollte schon in den Brunnen hinabsteigen.

Da aber rief die Kuh ihr zu: »Sieh dich vor, im Brunnen sitzt eine alte Frau, die Bārzangā. Du mußt sie ganz freundlich grüßen, und wenn sie dir befiehlt, ihr das Haar zu lausen, mußt du sagen: Euer Haar hat's nicht nötig, es ist sauberer und reiner und feiner als meines.«

Das Mädchen kletterte in den Brunnen hinab, und sobald es die Bārzangā erblickte, sprach es freundlich: »Salem, Mütterchen.«

»Lause mir das Haar«, erwiderte die Alte und fragte: »Was findest du darin?«

»Nichts«, gab das Mädchen zur Antwort, »es ist sauberer und reiner und feiner als meines.«

»Gut, mein Kind«, antwortete die Bārzangā, »nun geh und hol dir dein Baumwollflöckchen aus der Schlafkammer.«

Als das Mädchen die Kammer betrat, fand sie darin Gold und Edelsteine zuhauf. Sie aber beachtete all die Kostbarkeiten nicht, nahm ihr Büschel Baumwolle und fegte noch schnell das Zimmer. Sie kehrte zur Bārzangā zurück, verabschiedete sich von der Alten und kletterte behende die Leiter hinauf, um schnell aus dem Brunnen zu gelangen.

Als sie auf halber Höhe war, rüttelte und schüttelte die Bārzangā die Leiter. Aber nichts fiel dem Mädchen aus seinen Kleidern.

»Hast mir also nichts gestohlen«, murmelte die Alte, »will dich mit einem Mond belohnen.« Und sie zauberte dem Mädchen einen Mond auf die Stirn. Und als das Mädchen das Ende der Leiter erreicht hatte, so rüttelte und schüttelte die Bārzangā diese noch einmal, und sie zauberte dem Mädchen einen Stern aufs Kinn.

»Wie schön du geworden bist«, staunte die Kuh. Dann sprach sie: »Laß aber die Stiefmutter die Gaben nicht sehen und verhülle dein Gesicht mit einem Schleier.«

Das Mädchen hielt sich an den Rat der Kuh. Aber in der Nacht, als es schlief, da verrutschte der Schleier. Ein so wunderbares Licht ging von dem Mond und von dem Stern aus, daß die Stiefmutter die beiden Zauberzeichen bemerkte und voller Neid und Mißgunst das Antlitz ihrer Stieftochter betrachtete.

Am nächsten Tag schickte sie ihre eigene Tochter mit der gelben Kuh auf die Weide. Zwar gab sie auch ihrem Kind Baumwolle zu spinnen mit, aber das Brot, das sie ihm zusteckte, war aus feinstem, süßem Nußmehl gebacken. Das Mädchen konnte nicht spinnen, machte sich darum aber keine Sorgen.

Sie dachte: »Wenn die Kuh meiner Schwester geholfen hat, so wird sie auch mir helfen.«

Und richtig: Als das Mädchen der Kuh Nußbrot und Baumwolle anbot, verschlang das Tier beides. Es gab dafür aber nur sehr wenig und groben Baumwollfaden von sich, daß die Mutter am Abend sehr enttäuscht war.

Am dritten Tag nahm auch dieses Mal der Wind ein Baumwollflöckchen mit und blies es in den Brunnen hinein. Gleich kletterte das Mädchen hinterher. Als es aber die

Bārzangā erblickte, grüßte es diese nicht. Als sie ihm auftrug, sie zu lausen, und fragte: »Nun, was findest du in meinem Haar?« antwortete das Mädchen: »Euer Haar ist verlaust, verfilzt und schmutzig.«

»In der Kammer ist das Baumwollflöckchen. Geh und hole es«, sagte die Bārzangā.

Das Mädchen war wie geblendet von all den Schätzen, die es dort sah. Sie nahm das Baumwollflöckchen an sich und füllte sich aber auch die Taschen voll mit Geld und Edelsteinen. Wie prasselte das alles hinunter und kullerte und klingelte, als die Bārzangā die Leiter schüttelte.

»Ein Eselspenis wachse auf deiner Stirn und eine Schlange hafte an deinem Kinn«, so verwünschte die Alte sie, als sie das Ende der Leiter erreicht hatte.

Wie erschrak da ihre Mutter, als sie die Tochter erblickte! Sogleich nahm sie ein Messer und schnitt Schlange und Eselspenis ab. Da tropfte das Blut zur Erde. Aber in einem Augenblick war beides wieder nachgewachsen.

»Das hat die gelbe Kuh uns angetan!« dachte die Mutter. »Das soll sie büßen! Sterben soll sie dafür!«

Nun stellte die Stiefmutter sich krank, ließ sich von keinem Arzt helfen und behauptete, sie könne nur dann wieder gesund werden, wenn sie das Fleisch der gelben Kuh essen und sich mit deren Haut zudecken könne.

Die Stieftochter aber hatte erkannt, daß in der gelben Kuh ihre liebe Mutter war. Mit aller Liebe und Zärtlichkeit umsorgte sie sie und gab ihr Leckerbissen zu essen und stets frisches Wasser zu trinken. Eines Tages sah sie, wie die Kuh weinte. Da erschrak sie sehr und fragte: »Liebe Mutter, warum weinst du?«

»Ach«, sprach die Kuh, »sie wollen mich töten. Wenn es ihnen gelingt, wird es dir schlecht ergehen. Aber falls sie mich töten, so iß nicht von meinem Fleisch, sondern sammle die Knochen und begrabe sie an einem geheimen Ort.«

Da begann auch das Mädchen bitterlich zu weinen, lief zum Vater und flehte ihn an, die Kuh nicht zu schlachten.

Dieser aber ließ sich nicht erweichen. Er sprach: »Dies ist die einzige Medizin, die deiner Stiefmutter noch helfen kann, die Kuh muß sterben!«

Also wurde die Kuh geschlachtet. Als die Stiefmutter ihr Fleisch kostete, fühlte sie sich sogleich gesund und kräftig. Mit Freuden nahm sie die Einladung zu einem Hochzeitsfest an, das in der Nachbarstadt mit aller Pracht gefeiert werden sollte. Sie legte ihre schönsten Kleider an. Sie putzte auch ihre eigene Tochter heraus. Penis und Schlange schnitt sie ihr wieder ab und verbarg die blutenden Wunden hinter einem dichten Schleier.

Dann schüttete sie Hirse und andere kleine Samenkörner in ein Gefäß, stellte es vor das leere Brunnenbecken im Garten und befahl ihrer Stieftochter: »Trenne die Körner voneinander und fülle den Brunnen mit deinen Tränen! Wehe, wenn es dir nicht gelingt, bis wir vom Fest zurückkommen!«

Das arme Mädchen weinte bitterlich, wußte es doch, daß es die Aufgaben niemals würde erfüllen können.

Aber da näherte sich auf einmal eine Henne mit ihren Küken, die fing mit menschlicher Stimme an zu sprechen: »Laß Wasser in das Brunnenbecken und streue Salz hinein. Dann lauf in den Stall. Dort steht ein prächtiges Pferd. Auch findest du schöne Kleider dort. Schmücke dich und gehe auf die Hochzeit; derweil will ich mit meinen Kinderchen die Samen trennen. Nach dem Fest wird einer deiner Schuhe in den Fluß fallen. Halte dich nicht damit auf, ihn zu suchen, sondern eile nach Hause, damit deine Stiefmutter dich nicht erkennt.«

Als das Mädchen auf den Ball kam, war sie die Schönste von allen und die Anmutigste beim Tanz.

»Das ist doch meine Schwester! Sieh nur den Mond auf

ihrer Stirn und den Stern auf ihrem Kinn!« rief die Tochter, als sie sie erblickte.

»Das kann nicht sein«, entgegnete die Stiefmutter. »Sie muß am Brunnen sitzen.« Aber dann verließen beide den Ball und eilten nach Hause, denn sie wollten sich davon überzeugen.

Die schöne Schwester aber war noch vor ihnen zu Hause angekommen. Daß sie während des schnellen Laufs einen ihrer goldenen Schuhe verlor, kümmerte sie wenig. Das Pferd verwandelte sich in die Henne zurück, das Mädchen zog rasch die alten Kleider wieder an und setzte sich an den Brunnen.

Da kamen auch schon die Stiefmutter und die Stiefschwester. Sie waren erleichtert, das Mädchen am Brunnen zu sehen.

Einige Tage später ritt der Sohn des Padischah an einen Fluß, um dort sein Pferd zu tränken. Aber das Tier scheute und trank nicht. Da beugte sich der Prinz über das klare Wasser und sah dort den bezauberndsten kleinen Schuh, den man sich nur denken kann. Und er verliebte sich Hals über Kopf in dessen Besitzerin.

Er ritt zurück in den Palast und trat vor seinen Vater: »Das Mädchen, dem dieser Schuh gehört, will ich zu meiner Gemahlin nehmen«, erklärte er. Sogleich wurden die Minister ausgesandt, das Mädchen zu finden. Aber von all den vielen jungen Mädchen, die sich darum drängten, den Schuh zu probieren, paßte er keiner. Schließlich kamen die Minister auch in das Haus der Stiefmutter. Ihrer eigenen Tochter war der goldene Schuh viel zu klein. Schon wollten die Minister fortgehen. Da hörten sie plötzlich Hahnengeschrei. Sie gingen dem Krähen nach und siehe – das Tier saß auf dem Backofen. Da öffneten sie die Backofentür, und heraus kletterte das schöne Mädchen. Sie schlüpfte in den Schuh, und da sahen es alle, er paßte wie angegossen.

Nun ja, was soll ich euch noch erzählen – bald wurde Hochzeit gefeiert. und von nun an begann ein glückliches Leben für unser Mädchen.

[Märchen aus Afghanistan]

# Die drei Pomeranzen

Es war einmal ein armes Weib, das hatte ein einziges Töchterlein, welches sie wie ihren Augapfel liebte. Obgleich das Mädchen erst neun Jahre alt war, so war es doch so verständig wie eine Erwachsene und gar sanft und fromm. Eines Tages waren Mutter und Tochter im Walde gewesen, um Holz zu klauben, und als sie heimkehrten, sahen sie bei einem Baume drei Feen, welche schon lange zu warten schienen und in gebieterischem Tone zur Mutter sagten: »Heute über ein Jahr führe dein Kind zu uns hierher auf diese Stelle!«

Voll Verzweiflung ging die Frau nach Hause. Wie viele Tränen weinte sie, und wie traurig war sie stets! Aber das Mädchen suchte sie immer zu trösten. »Gott wird mir helfen, liebe Mutter«, sagte es oft, »du wirst sehen, daß ich bald wieder wohlbehalten zu dir zurückkehre.«

Als das Jahr abgelaufen war, führte die Mutter, denn sie wagte nicht, ungehorsam zu sein, schweren Herzens ihre Tochter in den Wald. Dort warteten die drei Feen schon. Sie nahmen das Mädchen bei der Hand und entschwanden bald aus den Augen der Mutter, welche weinend nachschaute und tiefbetrübt nach Hause ging.

Die drei Frauen aber führten das Mädchen in ihre Wohnung tief im Walde und legten ihm allerlei häusliche Dienste auf. Obwohl das Mädchen alles unverdrossen verrichtete, gelang es ihm doch nicht, sich die Gunst seiner strengen und unfreundlichen Gebieterinnen zu erwerben. Ja, es kam dahin, daß sie das Mädchen immer mehr haßten, und sie beschlossen, dasselbe ins Verderben zu schicken.

»Höre, Kind«, sagte eines Abends eine der drei Feen, »geh morgen an diesen und diesen Ort und in diesen und diesen Palast hin. Dort tritt ein und nimm der Alten, welche du dort findest, die drei Pomeranzen weg, und bringe sie uns her. Wehe dir, wenn du unser Gebot nicht erfüllst!«

Das arme Mädchen versprach es zu tun; aber es ahnte wohl selbst, wie gefährlich dieses Unternehmen sein werde. Es weinte die ganze Nacht, dachte immer an seine liebe Mutter und betete inbrünstig, daß ihm das aufgetragene Werk gelingen möge.

Am frühen Morgen machte es sich auf den Weg. Als es einige Stunden gegangen war, begegnete es einem alten Manne. »Wohin gehst du?« fragte er mitleidig, als er das Kind mit den verweinten Augen sah.

»Ach, wenn du es wüßtest!« erwiderte es und erzählte ihm treuherzig alles.

Da sprach der Alte: »Nimm diese Dinge, geh hin und mache davon Gebrauch, sobald du es nötig hast.«

Und er gab ihm Nägel, ein Fläschchen Öl, einen Korb mit Brot, einen Besen und ein Seil. Das Mädchen nahm es, dankte recht herzlich dafür und machte sich, obwohl es an diesen Dingen ziemlich schwer zu tragen hatte, doch mit gutem Troste und besserem Mute wieder auf den Weg.

Bald kam es an den von den Feen bezeichneten Ort und stand vor dem Palast. Davor war ein tiefer Graben und darüber führte eine Brücke, die war so alt und zerbrochen, daß man beim ersten Schritt darauf in die Tiefe stürzen mußte. Das Mädchen aber nahm die Nägel und befestigte damit ein Brett nach dem andern, so daß es bald hinüber war. Nun gelangte es zu einem großen Tor, das war mit Riegel und Ketten verschlossen, und die waren so eingerostet, daß auch ein Riese mit all seiner Kraft sie nicht hätte zurückschieben können. Da nahm das Mädchen das Ölfläschchen und bestrich Riegel, Ketten und Angeln mit Öl, worauf sich das Tor wie von selbst öffnete. Gleich hinter dem Tor lag ein Rudel Hunde, die stürzten sich wütend auf das Mädchen, als wollten sie es zerreißen. Da griff es in den Korb, warf das Brot unter die Hunde und ging weiter über einen Hof. Da war ein Weib, welches den Hof mit seinem Kleide kehrte. Das Mädchen gab ihr den Besen. Ganz nahe war ein Brunnen, daran stand ein Weib und zog den schweren Wassereimer mit ihren Haarflechten aus der Tiefe herauf. Hurtig gab ihr das Mädchen das Seil.

Nun war das Mädchen an der Stiege. Vorsichtig und leise ging es hinauf und kam in ein großes Gemach. Da saß eine Alte halb wach und halb schlafend und spann. Auf einem Kasten lagen in einem goldenen Teller die drei Pomeranzen. Rasch ergriff sie das Mädchen und eilte hinweg. Allein die Alte hatte es doch gemerkt und humpelte ihr nach. Als das Mädchen am Brunnen war, rief die Alte dem Weibe, welches dort Wasser schöpfte, zu: »Halt sie auf, sie hat mir die drei Pomeranzen gestohlen!«

Aber das Weib sagte: »Das tu ich nicht, seit so vielen Jahren zog ich den Wassereimer mit meinen Haarflechten herauf, und nun hat mir das gute Kind ein Seil gegeben.«

Als das Mädchen zum Weibe kam, welches den Hof kehrte, rief die Alte wieder: »Schlag sie zu Boden, sie hat mir die drei Pomeranzen gestohlen!«

Allein das Weib sagte: »Das tu ich nicht, seit so vielen Jahren kehrte ich den Hof mit meinem Kleide, und nun hat mir das gute Kind einen Besen gegeben.«

Das Mädchen war schon bei den Hunden, da schrie die Alte zornig: »Packt sie, Hunde, zerreißt sie, sie hat mir die drei Pomeranzen gestohlen!«

Allein die Hunde bellten nicht einmal, sondern sagten: »Das tun wir nicht, seit so vielen Jahren haben wir Hunger gelitten, und nun hat uns das gute Kind Brot gegeben.«

Schon war das Mädchen am Tor, da schrie die Alte noch stärker: »Schließ dich, Tor, zerquetsche sie, sie hat mir die drei Pomeranzen gestohlen!«

Aber das Tor rührte sich nicht, sondern sagte: »Das tu ich nicht, seit so vielen Jahren war ich rostig, und nun hat mich das gute Kind mit Öl bestrichen.«

Eben trat das Mädchen auf die Brücke, da schrie die Alte noch einmal im höchsten Grimm: »Falle, Brücke, wirf sie hinab, sie hat mir die drei Pomeranzen gestohlen!«

Die Brücke aber schwankte nicht einmal, sondern sagte: »Das tu ich nicht, seit so vielen Jahren war ich zerbrochen, und nun hat mich das gute Kind wieder gemacht!«

Nun konnte die Alte nicht mehr weiter, und das Mädchen war gerettet. Es dankte Gott und setzte freudig seinen Weg fort, bis es wieder zu den Feen kam. Diese waren nicht wenig erstaunt, das Mädchen wiederzusehen, noch erfreuter waren sie, als es ihnen die drei Pomeranzen überreichte. Nachdem es ihnen alles erzählt hatte, lobten sie es und fragten, was für eine Belohnung es wolle. Das Mädchen verlangte nichts anderes, als zu seiner Mutter zurückkehren zu dürfen. Die Feen gestatteten es ihm und überhäuften es überdies mit den reichsten und kostbarsten Geschenken.

Welch große Freude die Mutter hatte, ihre Tochter wiederzusehen, kann ich nicht beschreiben und will nur noch sagen, daß Mutter und Tochter fürderhin glücklich zusammenlebten und all die frühere Armut und Not für immer ein Ende hatte.

[Märchen aus Südtirol]

# Yann Rotkehlchen

Vor langer Zeit, als die Eichbäume, die zum Bau des ältesten Schiffes von Brest dienten, noch nicht einmal Eicheln waren, lebte in Guirek eine arme Witwe, die hieß Ninork Madek. Sie stammte aus einer reichen und angesehenen Familie. Der Vater hatte bei seinem Tode ein Gutshaus, einen Bauernhof, eine Mühle und einen Backofen sowie zwölf Pferde und doppelt soviel Ochsen, zwölf Kühe und zehnmal soviel Schafe hinterlassen, nicht dazugerechnet all das Korn und den Flachs in den Scheunen.

Aber Ninorks Brüder glaubten, sie von der Teilung ausschließen zu können, nur weil sie eine schutzlose Witwe war. Perrik, der älteste, erhielt das Gutshaus, den Hof und die Pferde. Fanch, der zweite, nahm sich die Mühle und die Kühe. Riwal, der jüngste, bekam die Ochsen, die Schafe und den Backofen. Ninork ließen sie nur ein offenes Futterhaus auf der Heide übrig, in das man früher die kranken Tiere brachte.

Als sie ihre armselige Habe dahinschaffen wollte, schien in Fanch ein Fünkchen Mitleid zu erwachen, und er sprach: »Ich will zu dir wie ein Bruder und Christ sein. Ich habe da eine schwarze Kuh, bei der noch kein Futter anschlagen wollte und die kaum genügend Milch gibt, ein neugeborenes Kind zu nähren. Diese Kuh darfst du mit dir nehmen. Weißdörnchen kann sie auf dem Ödland hüten.«

Weißdörnchen war die Tochter der Witwe. Sie war ein Mädchen von fast elf Jahren und war so blaß, daß man sie nur Weißdörnchen nannte.

Jeden Tag hütete Weißdörnchen von nun an die schwarze Kuh, und das Mädchen brachte die Zeit damit zu, kleine Kreuze aus Ginsterblüten zu binden oder Marienlieder zu singen. Eines Tages, als sie gerade das Ave Maria sang, sah sie auf einmal einen kleinen Vogel, der sich auf eines der Blumenkreuze gesetzt hatte. Es war, als ob er mit ihr sprechen wollte. Erstaunt näherte sich das Mädchen und lauschte auf sein Zwitschern. Sie konnte nicht verstehen, was er ihr sagen wollte. Es machte ihr aber solche Freude, das Vögelchen zu hören, daß sie gar nicht merkte, wie darüber die Nacht hereinbrach. Als der Vogel davonflog, standen die Sterne schon hoch am Himmel. Eilig erhob sich Weißdörnchen, um nach der schwarzen Kuh zu sehen. Sie konnte sie aber nirgends finden, sosehr sie auch suchte. Endlich hörte sie ihre Mutter rufen, und sie erkannte am Klang ihrer Stimme, daß ein Unglück geschehen war. Als sie hinzulief, saß ihre Mutter neben den Überresten der schwarzen Kuh, die von Wölfen gefressen worden war. Nur die Hörner und die Knochen waren übriggeblieben.

Bei diesem Anblick warf sich Weißdörnchen weinend auf die Knie und rief: »Jungfrau Maria! Warum habt Ihr mir nicht den Wolf gezeigt? Mit meinem Stab hätte ich das Kreuz geschlagen und ihn verjagt, ich hätte den Spruch der Hirtenjungen gesagt, die die Herden in den Bergen hüten:

Bei der Kraft des heiligen Hervé
Bist du ein Wolf, so pack dich und geh.
Bist du der böse Satan jedoch
Beim wahren Gott, so fahre ins Loch!«

Als die Witwe die Trauer des Mädchens sah, versuchte sie es zu trösten und sprach: »Mein armes liebes Kind, du mußt um die Kuh nicht so trauern wie um deinesgleichen. Sind die Wölfe und die schlechten Menschen auch gegen uns, so wird doch der liebe Gott für uns sein. Hilf mir, das Reisigbündel tragen, und laß uns heimkehren.«

Weißdörnchen tat, wie ihr aufgetragen war, aber bei jedem Schritt seufzte sie, und große Tränen rollten ihr über die Wangen.

»Arme Schwarze«, dachte sie, »arme Schwarze, die so leicht zu hüten war, die sich mit dem Geringsten zufriedengab und die gerade anfing, ein bißchen dicker zu werden...!«

Beim Abendessen konnte sie keinen Bissen hinunterbringen, und in der Nacht erwachte sie viele Male, weil sie glaubte, sie hätte die schwarze Kuh muhen gehört. In aller Frühe stand sie auf und lief mit bloßen Füßen und nur einem dünnen Rock bekleidet auf die Heide hinaus. Da sah sie den kleinen Vogel wieder auf ihrem Kreuz aus Ginsterblüten sitzen. Er sang, als wolle er sie rufen. Aber auch dieses Mal konnte sie nicht verstehen, was er ihr sagen wollte.

Als sie enttäuscht wieder fortgehen wollte, sah sie plötzlich ein Goldstück auf dem Boden liegen. Sie wollte es mit dem Fuß umdrehen, aber siehe, es war Goldkraut, das Kraut, das die Gabe verleiht, die Sprache der Tiere zu verstehen. Kaum hatte sie es mit dem Fuß berührt, da verstand sie die Worte des kleinen Vogels: »Weißdörnchen, ich meine es gut mir dir! Weißdörnchen, höre mich an!«

»Wer bist du?« fragte Weißdörnchen und war erstaunt, die Sprache der ungetauften Wesen zu verstehen.

»Ich bin Yann Rotkehlchen«, antwortete der Vogel. »Ich folgte einst Christus auf seinem Leidensweg und brach einen Stachel aus seiner Dornenkrone, der ihm die Stirn aufgerissen hatte. Dafür hat Gottvater mir erlaubt, daß ich bis zum Jüngsten Tage lebe und daß ich jedes Jahr ein armes Mädchen reich machen darf. Dieses Jahr nun fiel meine Wahl auf dich.«

»Wirklich, Yann Rotkehlchen?« rief Weißdörnchen fröhlich. »Dann darf ich ein silbernes Kreuz als Halsschmuck tragen und bekomme Holzschuhe an die Füße?«

»Ein goldenes Kreuz wirst du als Schmuck tragen und seidene Schuhe wie ein Edelfräulein.«

»Und was muß ich dafür tun, mein lieber Vogel?«

»Du mußt mir folgen, wohin ich dich führe.«

Weißdörnchen antwortete, daß sie gern dazu bereit wäre, und lief schon eilig fort. Ihr voran flatterte Yann Rotkehlchen. Der Vogel führte sie quer über die Heide, dann ging es durch die Hecken, über die Roggenfelder, bis sie endlich zu den Dünen am Meer kamen, gerade gegenüber den sieben Inseln.

Dort setzte er sich auf einen Strauch und sprach zu dem Mädchen: »Siehst du nichts, dort vor dir auf dem Sand?«

»Doch«, sprach Weißdörnchen, »ich sehe große Schuhe aus Buchenholz, die von keinem Feuer gebräunt wurden, und ein Stechpalmenstöckchen, das von keiner Sichel geschnitten wurde.«

»Zieh die Holzschuhe an und nimm das Stöckchen in die Hand!«

»Schon geschehen.«

»Jetzt geh über das Meer bis zur ersten Insel und wandere um sie herum, bis du einen Felsen siehst, auf dem meergrünes Binsenkraut wächst.«

»Und dann?«

»Dann brich die Binsen und flechte sie zu einer Schnur.«

»Es ist schon wie geschehen.«

»Dann schlage mit dem Stechpalmenstöckchen an den Felsen, und es wird eine Kuh daraus hervorkommen. Lege ihr die Binsenschnur um den Hals, und führe sie zu deiner Mutter. Zum Trost, weil sie die Schwarze verloren hat.«

Weißdörnchen tat alles genauso, wie Yann Rotkehlchen ihr aufgetragen hatte: Sie ging über das Meer, sie flocht die

Binsenschnur, sie schlug an den Felsen, und eine Kuh kam daraus hervor, die hatte so sanfte Augen wie ein Jagdhund und ein Fell, so glatt wie das eines Maulwurfs. Ihr Euter war mit weißem Flaum bedeckt und hing bis zur Erde. Weißdörnchen führte sie zum Hause ihrer Mutter, der Witwe. Deren Freude war jetzt noch größer als zuvor ihr Kummer.

Wie aber staunte sie erst, als sie begann, Mor-Vyoc'h zu melken! (Mor-Vyoc'h heißt Meerkuh. Den Namen hatte sie von Yann Rotkehlchen erhalten.) Die Milch floß ohne Unterlaß zwischen ihren Fingern hindurch, wie das Wasser einer Quelle. Ninork füllte erst alle irdenen Töpfe, die sie im Hause fand, dann alle Holznäpfe, doch die Milch rann immer weiter.

»Mutter Gottes, steh uns bei!« rief die Witwe aus. »Dieses Tier muß Languengar-Wasser* getrunken haben!«

Und wirklich, nichts konnte Mor-Vyoc'hs Milch zum Versiegen bringen. Sie hätte genügend geben können, um alle kleinen Kinder des ganzen Landes zu ernähren. Bald sprach man überall nur noch von der Kuh der Witwe, und aus allen Gegenden kamen die Leute, um sie zu sehen. Der Priester von Perros-Guirek kam und wollte prüfen, ob die Kuh nicht etwa eine Falle des Teufels sei. Als er aber seine Stola auf den Kopf von Mor-Vyoc'h gelegt hatte, sprach er, daß von der Kuh nichts Böses ausgehe. Nun wollten die reichsten Bauern Ninork die Kuh abkaufen. Jeder überbot den anderen.

Schließlich kam auch Perrik und sprach: »Bist du eine Christin, Ninork, so vergiß nicht, daß ich dein Bruder bin, und gib mir den Vorzug vor allen anderen. Überlaß mir Mor-Vyoc'h, und ich gebe dir neun Kühe dafür.«

Die Witwe entgegnete: »Mor-Vyoc'h ist nicht nur neun

---

* Nach dem Glauben der bretonischen Bauern verhilft die Quelle von Languengar den jungen Müttern zu besonders viel Milch.

Kühe wert, sondern so viel wie alle zusammen, die auf den Weiden des oberen und unteren Landes grasen. Mit ihrer Milch könnte ich alle Märkte der Bistümer von Dreger und Gernew beliefern, von Dinan bis nach Carhaix.«

»Gib sie mir, Schwester«, bat Perrik, »und ich überlasse dir den Hof unseres Vaters, auf dem du geboren bist, mit allen Feldern, den Pflügen und den Pferden.«

Damit war Ninork einverstanden. Perrik führte sie auf den Hof. Dort nahm sie ein Stück Erde aus dem Feld, trank vom Wasser des Brunnens und schnitt den Pferden ein Haarbüschel aus dem Schweif. All dies tat sie, um zu beweisen, daß sie nun die Herrin des Hofes war. Dann gab sie Mor-Vyoc'h ihrem Bruder Perrik, der die wertvolle Kuh weit wegführte, in die Gegend von Menez Bree, wo er ein Haus besaß.

Weißdörnchen weinte sehr, als ihr Onkel Perrik Mor-Vyoc'h mitnahm. Den ganzen Tag über war sie traurig. Abends ging sie in den Stall, um nach dem Rechten zu sehen. Sie füllte die Raufen und sprach dabei vor sich hin: »Ach, warum ist Mor-Vyoc'h nicht da? Werde ich sie denn jemals wiedersehen?«

Sie hatte noch nicht zu Ende gesprochen, als sie hinter sich ein Muhen vernahm. Und da sie die Sprache der Tiere verstand, seit sie auf das Goldkraut getreten war, verstand sie dieses Muhen.

»Ich bin wieder da, kleine Herrin.«

Voller Überraschung wandte sie sich um und erkannte Mor-Vyoc'h.

»Bist du es wirklich?« rief das Mädchen. »Wer hat dich zurückgebracht?«

»Dein Onkel Perrik konnte mich nicht besitzen, denn ich darf keinem gehören, der in Gottlosigkeit lebt. Daher kehre ich zu dir zurück.«

»Aber dann muß meine Mutter wohl den Hof, die Felder und die Herden zurückgeben?«

»Nein, denn das alles war ihr zu Unrecht von ihrem Bruder genommen worden.«

»Aber wenn er kommt und dich sucht, wird er dich wiedererkennen?«

»Geh und pflücke drei Blättchen vom Kreuzkraut. Dann sage ich dir, was du zu tun hast.«

Weißdörnchen kam rasch mit den drei Blättchen zurück. Da sprach Mor-Vyoc'h: »Streiche jetzt mit den drei Blättern über meinen Rücken, von den Hörnern bis zum Schwanz, und sprich dazu dreimal ganz leise:

>Sankt Ronan von Hybernia!
Sankt Ronan von Hybernia!
Sankt Ronan von Hybernia!<«

Weißdörnchen tat, wie ihm geheißen. Beim dritten Anruf war aus der Kuh ein prächtiges Roß geworden. Das Mädchen war wie gebannt vor Staunen.

»Jetzt kann dein Onkel Perrik mich nicht mehr erkennen«, sprach das Pferd, »denn ich bin nun nicht mehr Mor-Vyoc'h, sondern Marc'h Mor, das Meerpferd.«

Als die Witwe erfuhr, was sich in ihrem Stall zugetragen hatte, freute sie sich sehr. Bereits am nächsten Morgen wollte sie das Pferd erproben, um Korn auf den Markt nach Treguier zu bringen. Aber wie verwunderte sie sich, als sie sah, wie der Rücken Marc'h Mors immer länger wurde, je mehr Lasten er zu tragen bekam. Dieses Pferd konnte allein mehr Säcke tragen, als alle anderen Pferde der Gemeinde zusammen.

Bald sprach man in der ganzen Umgebung über dieses Wunder. Auch Fanch hörte davon und kam auf den Hof. Als er Marc'h Mor gesehen hatte, bat er seine Schwester, ihm das Pferd zu verkaufen. Aber sie verweigerte es ihm, bis sie ihr all seine Kühe, seine Mühle und alle seine Schweine versprach. Als nun der Handel abgeschlossen war, nahm Ninork ihre neue Habe in Besitz, so wie sie es mit dem Hof getan hatte, und Fanch führte das Pferd hinweg.

Aber noch am selben Abend kehrte Marc'h Mor zu Weißdörnchen zurück. Sie suchte wieder drei Blättchen des Kreuzkrautes, strich diese von den Ohren des Pferdes bis zu seinem Schweif und sprach dabei ganz leise:

»Sankt Ronan von Hybernia!
Sankt Ronan von Hybernia!
Sankt Ronan von Hybernia!«

Da verwandelte sich das Pferd in ein Schaf mit einem Fell aus scharlachroter Wolle, die so fein wie gekämmtes Leinen und so lang wie Hanf an ihm herunterhing. Aus Marc'h Mor war Mor Vawd, das Meerschaf, geworden.

Die Witwe kam in den Stall und besah staunend das neue Wundertier.

Sie sprach zu Weißdörnchen: »Geh und hole mir die große Hirtenschere, denn das Schaf vermag die edle Wolle kaum zu tragen.«

Als sie sich jedoch anschickte, das Schaf zu scheren, wuchs die Wolle so schnell nach, wie sie geschnitten wurde. So war dieses Tier so viel wert wie alle Schafherden zusammen.

Riwal, der gerade hinzukam und das Wunder mit eigenen Augen sah, gab sogleich seinen Backofen, seine Weiden und alle seine Schafe her, um Mor Vawd zu besitzen.

Doch als er es am Strand entlangführte, stürzte sich das Schaf ins Meer und schwamm zur kleinsten der sieben Inseln. Dort öffneten sich die Felsen, um es aufzunehmen, und schlossen sich sogleich wieder. Vergeblich wartete Weißdörnchen im Stall. Das Meerschaf kam weder an diesem Abend zurück, noch zeigte es sich am nächsten Tage.

Da lief das Mädchen auf die Heide, und dort fand sie Yann Rotkehlchen wieder.

»Ich habe auf dich gewartet, kleine Herrin. Mor Vawd ist fort und wird nicht wiederkommen. Die Brüder deiner Mutter haben ihre Strafe nach ihrer Schuld erhalten. Du bist eine Bauerntochter geworden. Reich genug bist du nun, um ein goldenes Kreuz als Halsschmuck und seidene Schuhe an den Füßen zu tragen. Genau so, wie ich es dir versprochen habe. Ich werde jetzt fortfliegen. Erinnere dich immer daran, daß du einmal arm gewesen bist und daß ein kleiner Vogel dich reich gemacht hat.«

Da ließ Weißdörnchen aus Dankbarkeit auf der Heide eine Kapelle errichten; es war an der Stelle, wo Yann Rotkehlchen das erste Mal zu ihr gesprochen hatte. Und die alten Leute, die unseren Eltern diese Geschichte erzählten, erinnerten sich noch daran, wie sie als Kinder mit brennenden Kerzen jene Kapelle betraten.

[Märchen aus der Bretagne]

# Der Mutter Fluch und Segen

Vor langer Zeit lebte einmal eine arme Frau mit ihren drei Töchtern. Eines Tages bat ihre älteste Tochter: »Mutter, schlachte mir einen Hahn, und backe mir einen Kuchen. Ich will hinausziehen in die Welt, um mein Glück zu suchen.«

Die Mutter schlachtete den Hahn, und sie backte ihrer Tochter einen Kuchen, und dann fragte sie: »Was willst du haben, meine Tochter? Die Hälfte mit meinem Segen oder das Ganze mit meinem Fluch?«

»Sei's drum«, antwortete die Tochter, »das Ganze ist ja schon wenig genug.« So zog sie fort, und wenn die Mutter ihr auch nicht ihren Fluch mit auf den Weg gab, so gab sie ihr auch nicht ihren Segen. Das Mädchen wanderte und wanderte, bis es schließlich müde und hungrig war. Und als es sich niedergesetzt hatte und ihre Wegzehrung verspeiste, da kam ein kleines Weiblein vorbei und bat es um ein wenig Essen.

»Scher dich zum Teufel«, schrie das Mädchen, »es reicht kaum für mich selber, wie soll ich dir noch etwas abgeben.« Da zog das Weiblein traurig und bekümmert weiter. Zur Nacht fand das Mädchen Herberge auf einem Bauernhof. Als sich gerade alle niederlegen wollten, da versprach ihm die Bäuerin einen Spaten voller Gold und eine Schaufel voller Silber, wenn es ihr einen Dienst erweisen wolle. Das wolle sie für diesen Lohn schon tun, versicherte das Mädchen, aber was müsse sie denn dafür tun?

»Du mußt die ganze Nacht hindurch am Leichnam meines Sohnes Wache halten«, antwortete die Bäuerin.

Das Mädchen setzte sich ans Feuer und warf von Zeit zu Zeit einen Blick auf den aufgebahrten Toten.

Als es Mitternacht schlug, erhob sich der Tote langsam und sprach: »Was tust du hier, so ganz allein, schönes Mädchen?«

Sie war starr vor Schrecken und wagte kaum zu atmen. Als er sie zum drittenmal gefragt hatte, da berührte er das Mädchen, und es verwandelte sich in einen grauen Stein.

Nach einiger Zeit machte sich die zweite Tochter auf den Weg, um ihr Glück zu suchen. Sie achtete den Segen der Mutter so gering wie ihre Schwester, und so geschah ihr auch das gleiche. Sie wurde in einen grauen Stein verwandelt.

Endlich wollte sich die jüngste Tochter auf den Weg machen, um ihre beiden Schwestern zu suchen. Sie aber ließ die Hälfte der Wegzehrung bei ihrer Mutter zurück und zog mit dem Segen der Mutter fort. Auch teilte sie ihr Mahl mit dem alten Weiblein, und das versprach ihr beim Abschied, ihr in der Not beizustehen. Die Jüngste fand, ebenso wie ihre Schwestern, Herberge auf demselben Bauernhof, und sie versprach der Bäuerin, Wache bei dem Toten zu halten. Sie setzte sich also mit Hund und Katze ans Feuer und briet die Äpfel und knackte die Nüsse, die ihr die Bäuerin gegeben hatte. Als sie den Leichnam ansah, da bedauerte sie es sehr, daß der Aufgebahrte ein Toter war, denn er war ein schöner und stattlicher junger Mann gewesen.

Wieder erhob sich der Tote um Mitternacht und sprach: »Was tust du hier, so ganz allein, schönes Mädchen?«

Sie aber antwortete sogleich:

> »So ganz alleine bin ich nicht;
> bei mir ist Fips der Hund und Puß die Katz,
> an Äpfeln und Nüssen es mir nicht gebricht,
> so ganz alleine bin ich nicht!«

»Hoho!« sprach er. »Du hast wirklich Mut, schönes Mädchen! Aber hast du auch soviel Mut, mir jetzt zu folgen? Ich muß den schwankenden Sumpf und den flammenden Wald durchqueren, die Höhle des Schreckens durcheilen und den gläsernen Berg erklimmen, und zuletzt werde ich von seinem Gipfel hinunterspringen ins tote Meer.«

»Ich will dir folgen«, antwortete sie, ohne zu zögern, »denn ich habe versprochen, heute nacht bei dir zu wachen.«

Er wollte sie daran hindern, aber so stark er auch war, so war sie doch noch ein klein wenig stärker als er.

Sie folgte ihm, bis sie zu den grünen Hügeln kamen, und dort sprach er: »Öffnet euch, ihr grünen Hügel, und laßt das Licht hindurch!«

Die Hügel öffneten sich, und sie wanderten beide hindurch, bis sie an den Rand des schwankenden Sumpfes kamen. Leicht schritt er über den Sumpf hinweg. Sie aber zögerte, und während sie noch darüber nachdachte, wie auch sie hinüberkommen solle, erschien das alte Weiblein, mit dem sie einst ihr Mahl geteilt hatte, und berührte ihre Füße mit ihrem Stock. Nun gelangte das Mädchen leicht über den schwankenden Sumpf. Am Ende des Sumpfes begann jedoch der flammende Wald. Als das Mädchen dort stand und wieder zögerte, kam abermals das alte Weiblein und legte dem Mädchen einen dichten, feuchten Mantel um. Nun durcheilte das Mädchen die Flammen, ohne sich auch nur ein einziges Haar zu versengen. Vor der Höhle des Schreckens verstopfte ihr die Alte die Ohren mit Wachs, und so durchschritt sie hinter dem Toten die Höhle, ohne das schaurige Schreien dort zu hören. Als sie heraustraten, erhob sich vor ihnen der Glasberg. Wieder berührte die Alte die Füße des Mädchens mit ihrem Stock, und so gelang es ihr, den Gipfel des Glasberges zu erklimmen. Eine Meile unter ihnen lag nun das tote Meer.

»Geh nach Hause zu meiner Mutter«, sprach der Leichnam, »und berichte ihr, wie weit du mir gefolgt bist. Lebe wohl, schönes Mädchen!« Mit diesen Worten sprang er kopfüber ins Meer. Ohne einen Augenblick zu zögern, folgte ihm das Mädchen. Sie wurden von einem mächtigen Strudel umschlungen und hinabgezogen, immer weiter, bis auf den Grund des Meeres. Dort lagen sie beide auf einer schönen Wiese, und das Meer wölbte sich wie ein grüner Himmel über ihnen. Schläfrig lehnte sie ihren Kopf an seine Seite und fiel in einen tiefen, tiefen Schlummer. Als sie endlich zu sich kam, lag sie daheim in ihrem Bett, und der junge Mann und seine Mutter saßen an ihrer Seite und wachten bei ihr.

Ja, wie war denn das alles gekommen? – Eine Hexe grollte dem jungen Mann, weil er sie nicht heiraten wollte. So brachte sie ihn in ihre Gewalt und hielt ihn in einem Zustand zwischen Leben und Tod, bis einmal eine junge Frau den Mut finden sollte, all die Prüfungen und Schrecknisse zu bestehen und ihn damit zu erlösen. Die beiden jungen Leute fielen sich nun in die Arme und hatten sich von Herzen lieb, und bald schon wurde die Hochzeit mit großer Pracht gefeiert.

Auf Bitten der Frau erhielten ihre beiden Schwestern ihre frühere Gestalt zurück und wurden wieder zu ihrer Mutter geschickt, mit ihren Spaten voll Gold und ihren Schaufeln voll Silber. Vielleicht sind sie nach alledem besser geworden, aber man wird es bezweifeln. Die Jüngste lebte mit ihrem Mann sicherlich lange und glücklich zusammen, und wenn sie nicht glücklich waren – nun, dann wollen wir es wenigstens sein.

[Märchen aus Irland]

# Das Geschenk der Flußmutter

Es war einmal ein armes Mädchen von siebzehn Jahren, dem waren Vater und Mutter gestorben. Die Leute, bei denen sie in Lohn stand, waren hartherzig und böse und gaben ihm kaum zu essen. In ihrer großen Not und ihrem Kummer setzte sie sich eines Tages ans Ufer des Flusses und weinte bitterlich.

Auf einmal berührte sie jemand an der Schulter, und wie sie um sich schaute, so gewahrte sie eine Frau mit goldenem Haar und gütigen grünen Augen. Sie trug ein helles wallendes Gewand, und ihre Schürze war mit Kieselsteinen angefüllt. Freundlich sprach sie das Mädchen an: »Sei nicht traurig, meine Tochter. Auf schlechte Tage werden gute folgen, und auch auf deinem Wege wird noch einmal ein Fest gefeiert.«

Mit diesen Worten schüttete sie dem Mädchen ihre Kieselsteine in den Schoß. Dann sprach sie: »Gehe nun nach Hause, und lege die Kieselsteine in deine Truhe. Sprich aber darüber mit niemandem auch nur ein Wort, laß niemanden die Steine sehen, und erzähle auch keinem Menschen von mir. Nur jenem, der morgen kommen und um dich freien wird, darfst du alles sagen.«

»Wer sollte um mich, ein armes Waisenkind, freien?«

»Warte nur bis zum morgigen Tag. Du wirst sehen, daß ich die Wahrheit gesprochen habe. Wisse, ich habe noch niemanden jemals belogen. Warte ab bis morgen, der Morgen ist weiser als der Abend.«

Das Mädchen war sehr erstaunt über die Worte der Frau. Endlich faßte sie sich ein Herz und fragte geradewegs:

»Wer bist du denn, daß du weißt, was morgen sein wird?«

»Wer ich bin und woher ich alles weiß, kann ich dir nicht sagen. Aber wisse, ich wohne in dem Land, wo Sonne, Mond und Sterne von unten nach oben sehen und die Bäume mit den Wurzeln in den Himmel ragen. In meinem Lande gibt es weder Hitze noch Kälte, noch Angst, Leid und Schmerz. Niemand muß dort weinen und sein Los beklagen.«

»Wie konntest du so schnell von so einem Land kommen?«

Lächelnd antwortete die Fremde: »So schnell wie ich gekommen, so bin ich auch gegangen.«

Und im selben Augenblick war sie im Fluß verschwunden.

Da erkannte das Mädchen, wer die Frau gewesen war. Sie rief: »Oh, Flußmutter, Flußmutter!«

Die Flußmutter aber gab ihr keine Antwort mehr. Hätte sie nicht die Kieselsteine in ihrem Schoß gehabt, so hätte das Mädchen geglaubt, alles sei nur ein Traum gewesen.

Alsbald ging sie nach Hause und tat, wie ihr die Fremde geheißen. Sie öffnete ihre Truhe und legte die Kieselsteine hinein und erzählte keinem Menschen von ihrem Erlebnis. Dann legte sie sich zu Bett.

Am anderen Morgen kam ein edler Jüngling auf einem stolzen Roß in den Hof geritten. Er klopfte an und begehrte das Mädchen zur Frau. Sie sagte es ihm mit Freuden zu. Als nun der Bräutigam zur Abreise rüstete, da fiel der jungen Braut die Truhe mit den Kieselsteinen ein. Sie führte ihn zu der Truhe und hob den Deckel. Und siehe da, die Truhe war bis zum Rand mit lauter Silberstücken gefüllt! Da umarmte und küßte der Bräutigam seine junge Braut und sprach: »Geld und Gut begehr ich nicht. Gold, Silber und Edelsteine habe ich selbst mehr als genug. Aber ich sehe wohl, daß diese Silberstücke das Geschenk der

Flußmutter sind. Die Flußmutter aber gibt ihre Gaben nur denen, die ein reines und gutes Herz haben. Wer aber in solcher Weise von ihr beschenkt wurde, dem gelingt nicht nur selbst alles, was er beginnt, sondern der bringt auch allen anderen Menschen Glück.«

Alles traf ein, wie der Jüngling es vorhergesagt hatte. Die beiden feierten die Hochzeit mit großer Pracht und rechter Freude, und sie mehrten von Tag zu Tag ihr Hab und Gut. Was immer sie taten, es gelang ihnen aufs beste. Die arme Waise von einst war freigebig, freundlich und bei jedermann wohlgelitten. Allen, die bei ihr anklopften, half sie. Jeder, der ihres Rates bedurfte, zog getröstet hinweg. Niemand ging mit leeren Händen. Für alle Waisenkinder aber war sie wie eine rechte Mutter.

[Märchen aus dem Baltikum]

# Der Hahnengiggerl

Es war einmal ein armer Holzknecht. Der hat schlecht und recht sich und seine Familie mit seiner Hände Arbeit durch das Leben gebracht. Und seines Tages schönster Feierabend war es, wenn er sein Kind Annerl auf den Schoß setzen und ihr Märchen von einem verwunschenen Prinzen und seiner armen Erlöserin und anderes erzählen konnte; und das Mädchen hat sich auf diese Stunde stets gefreut. Aber eines Tages ist es aus gewesen mit diesen schönen Abendstunden; denn ein Baum hat den Vater erschlagen, und weinend ist Annerl mit ihrer Mutter hinter dem Sarg zum Friedhof gegangen. Die gute Zeit hat nun ein Ende gehabt, sowohl für die Mutter als auch für das Kind. Die Mutter hat wieder ins Dorf gehen müssen, um für sich und das Kind den Unterhalt im Taglohn zu verdienen. Und wenn sie heimgekommen ist, da ist sie grantig gewesen mit dem Kind, hat ihr vorgeworfen, daß sie ihretwegen so viel arbeiten müsse, und der Annerl ein Stück Brot und ein Schüsserl Geißmilch gegeben als Mittags- und Nachtmahl zugleich. Im Winter mußte Annerl Holz im Walde lesen und auf dem schwachen Rücken heimtragen, im Sommer aber Beeren und Pilze sammeln, die dann die Mutter verkaufte.

Eines Tages nun war die Mutter übellaunig wie nie bisher, hat dem Kinde als Nachtmahl nur ein hartes Stück Brot gegeben und am Morgen nichts. Und wie Annerl um ein Stückerl Brot bat, trieb sie das Kind aus der Hütte und trug ihr streng auf, nur schöne Beeren zu pflücken. Weinend ging das Mädchen durch den Wald und begann Erdbeeren ins Körblein zu pflücken. Dann schlich sie weiter in der Hoffnung, schönere Beeren zu finden. Dabei kam ihr die trostlose Gegenwart in den Sinn und wie schön es gewesen, als der Vater noch lebte. Tief seufzte sie auf: »Ach, wenn der Vater lebte!«

Rechts und links vom Steig wuchsen die schönsten Beeren, aber Annerl beachtete sie nicht. Pilze luden zum Pflücken ein, aber das Kind ging vorbei, langsam und nachdenkend, und trat aus dem Wald in eine sonnenumflossene Waldwiese hinaus.

Nun sah das Mädchen auf. Inmitten der Wiese stand ein hölzernes Häuschen, nicht größer als eine Köhlerhütte, doch ein gemauerter Rauchfang überragte das Bretterdach und wirbelte dunklen Rauch empor. Ein einziges, winziges Fenster lugte dem Kinde entgegen. Vorsichtig und langsam ging Annerl dem Häuschen zu und spähte durch das Fenster. Da stand drinnen in der dunklen, schwarzen Küche ein uraltes Weiblein vor einem großen Kessel, der an einer Kette über offenem Feuer hing, rührte mit einem langen Kochlöffel herum und sprach dabei Zauberworte, wobei die lange, spitze Nase fast mit dem Kinn zusammenstieß; eine Krähe aber saß auf ihrer Schulter und wiegte sich.

Das ist eine Hexe, sagte Annerl zu sich, die könnte wohl wissen, wo ein verwunschener Prinz zu finden wäre. Denn um der Qual daheim ein Ende zu bereiten, hätte Annerl sich an einen Zauberprinzen gewagt. Und so ging das Kind um das Häuschen herum. Ein schwarzes Kätzchen saß vor der offenen Tür und putzte sich im Sonnenschein. Wie es des Mädchens ansichtig wurde, sprang es auf die Schultern desselben und rief: »Miau, miau!« Da flog denn auch schon die Krähe aus der Hütte, nahm Platz auf der anderen Achsel und schrie: »Kroa, kroa, kroa!«

Das vernahm nun das Weiblein; neugierig trat es unter die Tür und sah das Kind.

»Ei, ein Mäderl ist da; sag, mein liebes Kind, was willst denn du von der Waldmutter?«

Vertrauensvoll bat Annerl die Alte: »Ja, Waldmutter, wißt Ihr mir keinen verwunschenen Prinzen?«

»Oh, ein Prinz, mein liebes Kind, ist selten. So hör zu! Geh hinab durch den Wald, und breche Farnkraut ab, ein ganzes Bündel. Dann suche die steinige Stelle bei der kleinen Mühle im Graben auf; mitten in der Wiese liegt sie und heißt des Teufels Tanzplatz. Dort lege von den Farnkräutern einen Kreis auf, und sieh zu, daß jeder Wedel den anderen berührt. Dann setze dich in den Kreis, kümmere dich nicht, wie das Wetter werden mag, und sage mutig: ›Hutschi hatschi, komm herbei!‹ Dann kommt einer, fürchte dich nicht, er kann dir nichts anhaben, solange du im Kreise bleibst. Verhandle mit ihm, aber verkauf deine unsterbliche Seele nicht!«

»Vergelt's Gott!« rief das Kind. Freundlich winkte die Alte ihr zu und ging mit ihren Tieren ins Häuschen zurück. Annerl aber sprang hinab in den Wald. So lustig war sie schon lange nicht gewesen. Ein ganzes Bündel Farnkraut pflückte sie und legte die Wedel auf den steinigen Fleck im Graben in der Form eines Kreises auf. Bis dahin war noch heller Sonnenschein. Doch da stiegen über den Waldbergen dunkle Wolken auf, immer dunkler ward es, mit Riesenschritten nahte das Gewitter. Schon rollte es in der Ferne, immer düsterer ward es, bald war es ganz dunkel, da blitzte es plötzlich auf, und in den Bergen hallte der Donner. Ängstlich saß Annerl im Kreise und stieß mit zitternder Stimme hervor: »Hutschi hatschi, komm herbei!« Da ein Blitz und ein Krach, ein Lärchbaum brannte lichterloh auf und leuchtete weithin über die Wiese. Und aus einem Strauch lief ein winziger Mann hervor, so groß wie der Haushahn des Nachbarn, rot bekleidet, rote Kappe, roter Rock, rote Hose, fingerdünne Haxen und rote Hände, hinten hinaus aber einen riesigen Hahnenschweif.

»Hohohoho! Das Hahnengiggerl ist do!« lachte die kleine Gestalt und lief um den Kreis herum. Mit einem Male blickte er auf und nahm nun Annerl wahr.

»Ah, da ist ja a Dirndel! Ja, was willst du denn vom Hahnengiggerl?«

»Reich möcht ich halt gern werden«, hauchte das Kind.

»Reich? Was gibst du mir denn dafür, wenn ich dich reich mach?«

»Ich hab ja nichts, sonst hätte ich dich ja nicht gerufen.«

»Ei wohl«, lachte der Kleine, »du hast ja eine schöne Seele.«

»Die kann ich dir nicht geben; wenn ich die verlöre, würde mich das ganze Geld nicht freuen«, entgegnete das Kind.

»Weißt was, Dirndel, machen wir's so: In zehn Jahren komme ich wieder und frage dich um meinen Namen. Wenn du ihn bis dahin noch weißt, dann muß ich abziehen, wenn aber nicht, dann gehört deine Seele mir. Einverstanden?«

Das gefiel auch dem Mädchen, und noch sagte der kleine Wicht, sie solle nur das Trühlein ausräumen, das neben der großen Truhe der Mutter auf dem Dachboden stand; alles, was sie wünsche, werde sie darin finden.

»Troll dich von hinnen! Hatschi, hutschi«, sagte das Kind und entließ den geheimnisvollen kleinen Mann.

Dann lief aber, als das Gewölk sich verzogen und der Himmel sich aufgeheitert hatte, das Mädchen der heimatlichen Hütte zu. Als Annerl sich dem Häuschen nahte, kam gerade die Mutter heim und fuhr das Mädchen von weitem an, wo die Beeren seien. Annerl zeigte ihr den leeren Korb, kam ihr aber nicht nahe. Erst als mit einem Schmähwort die Mutter in der Hütte verschwunden war, wagte Annerl sich hinein und eilte sogleich über die Stiege hinauf, warf die wenigen Zotten aus dem Trühlein in einen Winkel und wünschte sich ein so himmelblaues Kleid, wie sie es bei einem vornehmen Kinde gesehen, und vierzig Gulden obendrein. Vorsichtig hob sie den Deckel. Ei, wie glänzten des Kindes Augen, als es ein Bündel herausheben konnte, während ein Beutelchen in die Truhe zurückfiel. Mit dem gefundenen Schatz lief Annerl die Stiege hinab, hinaus und hinab zum verschwiegenen Waldtümpel und breitete das Tuch auseinander. Da fehlte nichts, was sich das Kind nicht gewünscht hätte. Zitternd vor Freude warf sie die armseligen Kleider von sich und stieg in das beschattete Bad, dann aber kleidete Annerl sich an vom Scheitel bis zur Sohle. Alles war neu, das lichtblaue Kleidchen stand ihr prächtig, der Hut auf dem blonden Gelock, blaue Strümpfe und Schühlein an den Füßen, und Goldschmuck an Ohren, Fingern, Arm und Hals. Bebend vor Freude beschaute sie sich im Spiegel des Waldweihers. Dann aber lief sie heim zur Mutter. Bei der Stubentür hielt sie an und klopfte sachte. Wie dann Annerl eintrat, sah erstaunt ob des vornehmen Besuchs die Mutter beim Herde auf das Mädchen hin und erkannte sie nicht: »Ei, Komtesse von der Stadt, was gibt mir die Ehre?« fragte sie.

»Aber Mutter, erkennt Ihr mich denn nicht?« rief Annerl aus. »Schaut, wie schön, und alles habe ich ehrlich erworben. Nun hat die Not ein Ende, und Ihr braucht nicht mehr ins Tagwerk zu gehen. Doch sagt, was braucht Ihr vom Krämer im Dorf? Ich will einkaufen gehen.«

Da sagte freilich die Mutter so mancherlei und sah sich nicht genug satt an ihrem Kinde.

Bald schlüpfte Annerl wieder hinaus, lief zum Tümpel im Walde und zog ihr Bettelkleid an. Das blaue Kleid jedoch verwahrte sie in der Truhe der Mutter. Dann nahm sie das Beutelchen mit Geld und den Buckelkorb und eilte zu Tal. Beim Krämer kaufte sie Kaffee, Zucker, Salz, Gewürz, Semmel, Würste, Eier und Schmalz; auch Kattun für die Mutter zu einer Schürze und beim Wirt eine Flasche guten Wein. Staunend sahen die beiden dem Kind nach, das alles bar bezahlt hatte, und droben in der Hütte packte Annerl ihre Schätze vor der Mutter aus. Da war freilich aller Ärger aus den Augen der Mutter verflogen, da sie mit ihrem Kinde aß und trank.

So ging in sorgenlosem Tun in dem Häuschen am Walde ein Jahr dahin. Und der Hahnengiggerl hatte viel zu tun, die Wünsche von Mutter und Kind zu befriedigen.

Und wieder einmal saßen sie beisammen. Da hub die Mutter an: »Wie wäre es, mein liebes Kind, wenn wir in die Stadt zögen und ein Haus mieteten?«

»Ach nein«, erwiderte Annerl, »ich will von hier nicht fort. Aber sagt mir, gefiel es Euch nicht, wenn wir hier ein Schloß bauen und mit viel Dienerschaft beziehen würden?«

»Ein Schloß! Du denkst nicht, was das kostet«, meinte die Mutter. »Geh hinab zum Wirt ins Dorf, der kann dir sagen, was ein Schloß kostet.«

Das Mädchen tat, wie die Mutter ihm geheißen. Doch der Wirt wußte nicht Bescheid und wies das Kind hinein ins Gastzimmer zum Baumeister. Der stand gerade beim Fenster und vertrieb sich die Zeit mit Fliegenfangen.

»Was ein Schloß kostet, willst du wissen?« lachte er dem Mädchen entgegen. »Soviel Geld kannst du dir gar nicht vorstellen! Sechstausend blanke Dukaten muß der mir zahlen, dem ich ein Schloß bauen soll.«

»Nun gut, ich zahl's«, erwiderte das Kind. »Das bringe ich leicht zustande.«

Halb erstaunt und halb belustigt drehte er sich dem Mädchen zu: »Echte Dukaten, sage ich, nicht Katzengold, wie man es im Bach sieht.«

»Ja, echte Goldstücke, sechstausend biete ich, wenn Ihr mir ein Schloß bauen wollt. Kommt mit mir hinauf zu unserem Häuschen am Walde!«

Und weil der Herr gerade nichts zu tun hatte, dachte er: »Einen Spaziergang mache ich ganz gern« und ging mit ihr. Der Weg in der Sonne war schön, aber die Hütte am Walde war so elend, daß es ihn fast verdroß, mit dem Kinde mitgegangen zu sein. Wie arm war alles bei dem Häuschen und erst darinnen. Aber wie gut war der Kaffee, den Ännchens Mutter ihm vorsetzte. Das Mädchen war mittlerweile auf den Dachboden gestiegen und hatte sich zehntausend Dukaten gewünscht. Und wie sie den Deckel hob, lagen da zehn große, schwere Bündel. Mit harter Mühe zog sie einen nach dem andern aus der Truhe bis zur Stiege und warf sie hinab. Schwer trug die Mutter dem Baumeister die Dukaten zu. Einen Sack nach dem anderen schüttete dieser auf dem Tisch aus und zählte die ersten tausend Goldstücke. In die anderen vergrub er nur die Finger und fragte ganz erstaunt: »Wohin, gnädiges Fräulein, soll ich das Schloß bauen?«

Annerl bestimmte den Platz neben der Hütte als Bauplatz für das Schloß.

Die Woche darauf ging die Arbeit an, und den ganzen Sommer bauten und mauerten viele Arbeiter daran und den halben Winter die Zimmerleute; und ein Jahr darauf stand das Schloß da. Das bezogen denn auch bald Ännchen und ihre Mutter mit vieler Dienerschaft, und sie gingen nun in Samt und Seide.

Wieder gingen ein, zwei Jahre dahin. Da fuhr eines Tages der Prinz von Italien in seinem Wagen die Landstraße herauf, und vorn auf dem Bock saß der Kutscher. Plötzlich sprang ein Wicht aus dem Busch hervor und gab dem Wagen einen Tritt – der Kutscher hatte es ganz deutlich gesehen –, und der Wagen brach zusammen, die Achse brach ab.

Der Dorfschmied erklärte, er müsse die ganze Nacht arbeiten, wenn er den Schaden beheben wolle.

»Wo kann ich die Nacht verbringen?« fragte der Prinz.

»Oh, da hat's nichts«, entgegnete der Schmied, »dort drüben beim Wald steht ein schönes Schloß, eine Mutter mit einem allerliebsten Töchterlein wohnt darin. Die nehmen Euch gern auf. Da bekommt Ihr gutes Essen und ein warmes Bett.« Das ließ sich der Prinz nicht zweimal sagen, stieg auf eines der Kutschpferde und ritt hinauf zum Schloß.

Die Mutter saß gerade am Söller und sah nach einem königlichen Gemahl für ihr Ännchen aus. Und so entging ihr der stattliche Reiter nicht.

»Annerl, beeile dich«, rief da die besorgte Mutter. »Das schönste Kleid zieh an, den schönsten Schmuck leg um; ein Prinz will kommen!«

Schlicht und rein, wie Ännchen war, legte das Mädchen nur die Schürze ab, während die Mutter aufgedonnert wie ein Pfau daherkam. Gerade kam sie zurecht, wie der Prinz durch das Tor ritt und Ännchen die Hand zum Gruße bot. In ihrer Aufregung machte die Mutter eine Verneigung, daß nicht viel fehlte und sie hätte die Nase an einem Prellstein angeschlagen. Im Schlosse fand der Prinz freilich des Schmiedes Wort wahr; denn es gab gutes Essen und ein weiches Bett. Was ihn aber am meisten erfreute, war der Augen heller Schein, der auch im Traumbild nicht von ihm wich.

Am nächsten Tag aber zog er beim Abschied vor dem Tore einen Ring vom Finger, gab ihn dem Mädchen und sagte: »Keine andere denn du. Und wenn ich zurückkreise über einen Monat, hole ich dich als meine Braut heim.«

Da gab es freilich der Arbeiten viel. Die Zimmer füllten sich mit Schneiderinnen, und der kleine rote Wicht hatte genug zu tun, all das Linnen und die Seide herbeizuschaffen. Als aber nach Monatsfrist der Prinz zurückkam, da saßen Ännchen und ihre Mutter im gleichen Wagen mit einer Krone geschmückt und fuhren nach Italien.

Daß es dort festlich zuging bei der Prinzenhochzeit, könnt ihr euch denken: Übers Jahr übergab der König dem Prinzen die Regierung, der Prinz wurde König und Ännchen

Königin. Den Winter verbrachten sie in Italien, wenn es aber zu warm wurde, nahmen sie Wohnung im Schloß am Waldesrand. So vergingen ein paar glückliche Jahre.

In einer Sommernacht nun lag die Königin auf ihrem Ruhelager, und da träumte ihr, es käme der kleine Wicht zur Tür herein und fragte: »Wie heiße ich?«

Darüber erschrak die Königin im Traum so sehr, daß sie aufwachte und nachdachte, wie wohl der Wicht heißen mochte. Aber was sie auch nachdachte, ihr fiel es nicht ein, und vielleicht in dieser Woche noch konnte die Antwort fällig sein. Da sprang sie von ihrem Lager auf, bebend vor Entsetzen kleidete sie sich an und verließ vor dem Hahnenschrei noch das Schloß, um die Hütte der Waldmutter aufzusuchen. Wie hatte sie nur den Namen des Wichtes vergessen können! Aber die Waldmutter mußte ihn wissen, und die mußte ihr denselben gegen eine goldgefüllte Börse verraten.

Nach manchem Irrweg im Walde kam die Königin zur Waldwiese, in deren Mitte noch das Häuschen stand. Aber wie sah es aus! Das Dach war eingefallen, der Rauchfang zusammengestürzt, und ein Bäumchen wuchs auf einer der Holzwände. Wo mochte die Waldmutter sein? Verzweifelt sah die Königin umher und ging hinein in den Wald. Dort traf sie ein altes Weiblein, das Beeren pflückte.

»Ei, sagt mir, gutes Mütterchen, wohin ist denn die Waldmutter gezogen?« sprach sie die Alte an.

»Oh, die ist auch fort, einen Klafter unter der Erde.«

»Und wer hat denn den Kessel und die Salben, die Katze und die Krähe?« fragte sie die greise Beerensammlerin weiter.

»Da geht ins Dorf. Die letzte Keuschen gehört der Simerl-müllner-weber-keuschen-katl-toni. Die hat alles von ihrer alten Muhme geerbt«, erwiderte das Weiblein.

Einen Dukaten warf die Königin dem Weiblein zu, dann eilte sie zu Tal, um sogleich die Simerl-müllner-weber-keuschen-katl-toni aufzusuchen.

Sie traf das bucklige Weiblein an. Erstaunt sah es mit listigen, kleinen Äuglein die Königin an, die händeringend fragte: »Könnt Ihr mir nicht sagen, wie der Wicht wohl heißen mag, den ich auf Anraten der Waldmutter vor etwa zehn Jahren rief? Er war sehr klein von Gestalt, etwa wie Euer Haushahn, rot gekleidet, hatte eine Kappe auf und einen großen Hahnschweif.«

»Klein, rot, Hahnschweif«, erwiderte die Alte, »das kann ich Euch nicht auswendig sagen, aber meine Muhme hat mir ein Büchlein hinterlassen, in dem alle Wichte verzeichnet sind. Ich werde es suchen.« Und draußen war das Weiblein. Die Königin wartete und wartete, aber das Weiblein kam nicht wieder. Endlich, als schon die Mittagszeit vorüber war, erschien die Alte wieder und hatte ein kleines Buch in der Rechten.

»Klein, rot, Hahnschweif«, sagte sie in Gedanken. »Lang hab ich das Buch nicht finden können; es war, als ob einer drauf gesessen wär. Hm, hm, da steht schon die Reihe der Kleinen, und da ist auch schon der rote, kleine Ganggerl mit dem Hahnschweif, aber sein Name steht nicht dabei.«

»Mein Gott, und ich muß gerade seinen Namen wissen! Wißt Ihr mir da keinen Rat? Diese goldgefüllte Börse soll Eure Belohnung sein.«

»Einen Rat wüßte ich freilich wohl«, erwiderte die Bucklige, »aber er ist sehr schwer zu erfüllen und obendrein gefährlich. Droben auf der Alm ist das wilde Loch, da fliegen die Wichte und Ganggerl alle Nacht um elf Uhr aus und kehren eine Stunde später zurück. Dort könnt Ihr den Namen erfahren, aber seid vorsichtig, daß Euch keiner erwischt, sonst geht's Euch schlecht.«

»Verloren so oder so, das ist sich gleich. Habt Dank!« rief die Königin aus und warf der Alten die volle Börse in den Schoß. Dann eilte sie heim und kleidete sich eilig um. Mit derben Schuhen an den Füßen, einen Bergstock in der

Hand, so stieg sie das Gebirge empor, zuerst durch den dunklen Wald, dann über weite Almen, wo das Vieh ging, bis sie endlich nach Sonnenuntergang das wilde Loch erreichte, jenen gefürchteten Hölleneingang. Krummholz und ein paar windzerzauste Lärchen standen unweit davon, und hinter diesen versteckte sich die Königin. Der Mond überleuchtete weithin die Almen und die benachbarten Berge in geheimnisvollem Schein.

Da rollte es tief drunten, der ganze Berg bekam einen Ruck, und tief im Berginnern hörte die Lauschende eine Stundenuhr schlagen. Dann ein Knall und ein Schrei, aus dem wilden Loch stieg ein Kerl empor, etwa so groß wie ein erwachsener Mann. Zehn Ohren hatte er, sechzehn Hörner und neun Nasen und über ein Dutzend lange Schweife baumelten hinten dran, der flog gleich ab.

Der zweite kam gleich nach. Ein turmhoher Lotter mit drei riesigen Kuhschweifen, die schlugen wild umher, und einer blieb mit seinen langen grauen Zotten an einem Lärchbaum hängen. Und wie er daran riß, daß bald der Baum aus der Erde ging, blieb ein Tschüppel hängen und hängt bis heute noch daran. Auch er flog ab.

Nun erschien der winzige grüne Froschteufel, dann ein Wicht wie ein Storch mit rotem Schnabel und hohen Stelzbeinen, ihm folgte ein roter Wicht, hahngroß, und stolz trug er seinen mächtigen Hahnschweif.

»Wohin des Weges, Storchenschnabel?« fragte er mit näselnder Stimme.

»Auf die Seelenjagd«, erwiderte jener. »Gehst mit?«

»O nein«, lachte der rote Wicht, »ich hab die meine in Sicherheit.« Und indem er sich die Händchen rieb, näselte er laut vor sich hin:

> »Is das a Freud, is das a Spoaß,
> Daß die Königin nit woaß,
> Daß i Hahnengiggerl hoaß. Juhui!«

Und jauchzend sprang er hin und her und wiederholte wohl etliche dutzendmal das Sprüchlein:

»Is das a Freud, is das a Spoaß, . . .«

Hinter dem Lärchbaum aber saß die Königin und schrieb in ihr Büchlein den Namen des Hahnengiggerl auf.

Die Stunde verstrich, da ertönte wieder tief im Berg die Uhr. Der Berg zitterte, und all die Wichte und Ganggerl fuhren zurück ins wilde Loch, das mit lautem Knall sich schloß. Im Mondschein aber eilte über die Almen und durch den Wald die Königin zu Tal und kam beim Morgengrauen im Schloß an.

Erschöpft warf sie sich auf das Bett und schlief und schlief.

Schon stand die Sonne hoch am Himmel, die Königin schlief.

Schon war es Mittagszeit, die Königin schlief, und niemand wagte, sie zu wecken.

Da klopfte es etwa um drei Uhr an die Tür. Die Königin erwachte und rief: »Herein.« Ein klein wenig öffnete sich die Tür, und der kleine rote Wicht schob sich herein. »So so, jetzt bin i da, wia hoaß i denn?« fragte er und streckte sich.

»Ah, du bist da«, fragte vom Bett her die Königin.

»So so, jetzt bin i da, wia hoaß i denn?« fragte er ein zweitesmal und wuchs, indem er sich streckte, zur Menschengröße an.

»Ei, du bist da«, erwiderte lächelnd die Königin.

Da trat er näher, und wie ein wilder Eulenschrei ertönte des Wichtes Ruf: »So so, jetzt bin i da, wia hoaß i denn?«

Schon streckte der baumlange Kerl, der aus dem winzigen Wicht geworden war, die Rechte nach ihr aus. Da rief sie ihm lachend entgegen:

»Ah, is das a Spoaß, is das a Freud,
Der Hahnengiggerl is nit weit.«

Da schrumpfte der Kerl vor Schreck wieder zum kleinen Wicht zusammen, und mit dem Ruf: »Au weh, jetzt weiß's meinen Namen«, fuhr er durch das offene Fenster ab.
Die Königin aber lebte noch glücklich so manches Jahr.

[Märchen aus der Steiermark]

# Helios und Maroula

Es war einmal eine Frau, die bekam nie Kinder von ihrem Manne. Eines Tages ging Helios, der Sonnengott, in der Gestalt eines Mönchs an ihrem Hause vorüber und sprach zu ihr: »Willst du, daß ich dir zu Kindern verhelfe?« »Ja«, antwortete die Frau.

Da gab ihr der Mönch einen Apfel und sagte zu ihr, den möge sie essen, da werde sie ein Kind gebären. Er machte ihr aber zur Bedingung, daß sie das Kind mit ihm teile, also daß es in der einen Hälfte jedes Jahres ihr, in der anderen aber ihm gehöre; wolle sie es aber nicht hergeben, so müsse sie ihm dafür jedesmal einen Kuchen backen.

Die Frau ging auf diese Bedingung ein. Sie aß also den Apfel, und schon nach wenigen Tagen fühlte sie sich schwanger. Sie gebar darauf ein Töchterchen und nannte es Maroula, und das wuchs zu einem sehr schönen Mädchen heran.

Eines Tages nun, als es aus der Schule nach Hause ging, begegnete es dem Mönch, und der trug ihm auf, seiner Mutter zu sagen, er wolle ihre Tochter oder den Kuchen.

Maroula richtete das ihrer Mutter aus, die aber antwortete darauf nichts. Hierüber erzürnt, raubte Helios eines Tages Maroula und brachte sie in seine Wohnung hinter den Bergen.

Die Mutter wartete auf ihr Kind. Da es sich aber nirgends sehen ließ, so ahnte sie, daß der Mönch es würde geraubt haben. Da legte sie Trauerkleider an, schloß sich in ihr Haus ein und wollte niemanden sehen noch hören.

Helios lebte nun mit dem Mädchen in seiner Wohnung.

Aber jeden Morgen stand er frühzeitig auf und ging fort, um seinen Lauf am Himmel zu vollenden, und Maroula blieb allein. So lebten sie lange, lange zusammen.

Eines Abends hörte Helios jemanden weinen. Er stand also auf, um nachzusehen, wer das sei. Da fand er das Mädchen im Garten und hörte es unter Tränen sagen:

>Wie im Wind der Lattich zittert,
Zittert meiner Mutter Herzchen
Für die Arme, die Maroula.«

Da sagte er am anderen Morgen zu Maroula: »Wünschest du zurückzukehren zu deiner Mutter?«

»O ja«, antwortete sie weinend, »daß ich das noch erlebe!«

Da rief Helios am folgenden Tage mit gewaltiger Stimme einem Hirsche zu: »Hirschlein, Hirschlein, willst du Maroula zu ihrer Mutter bringen?«

»Ja«, sprach der Hirsch.

»Aber was willst du unterwegs fressen?« fragte Helios weiter.

»Ich werde von ihrem Fleische fressen und von ihrem Blute trinken.«

»Fort«, sprach Helios, »du taugst nicht für mich.«

Nun rief er einem anderen Hirsche zu: »Hirschlein, Hirschlein, willst du Maroula zu ihrer Mutter bringen?«

»Ja, ich bringe sie hin.«

»Aber was willst du unterwegs fressen?«

»Ich werde Gräser fressen und werde Quellwasser trinken.«

»Gut, bringe sie hin«, sprach Helios.

Da nahm der Hirsch das Mädchen auf seinen Rücken und brachte es zu seiner Mutter zurück.

Als sie deren Wohnung nahe kamen, da fingen plötzlich alle Tiere des Hauses an zu rufen: »Maroula kommt, Maroula kommt.«

Die Mutter aber rief den Tieren zu: »Schweigt, ihr Törichten, schweigt, und beunruhigt mich nicht!«

Allein die Tiere schrien noch lauter: »Maroula ist gekommen, sie ist gekommen.«

Die Mutter rief wieder: »Schweigt, ihr Törichten, schweigt!«

Aber auf einmal öffnete sich die Tür, und Maroula trat ein. Auch Helios kam in Mönchsgestalt herein, gab sich jetzt der Mutter zu erkennen und sagte ihr, daß er ihr Kind nur deshalb geraubt habe, um ihr mehr Sorgfalt für ihre Mitmenschen beizubringen.

[Märchen aus Griechenland]

# Das Eimerchen

Es war einmal eine Mutter, die hatte zwei Töchter. Eine herzensgute und eine schlechte. Und was merkwürdig war, die Mutter liebte viel mehr das schlechte Mädchen.

Eines Tages sagte sie zu der Bösen: »Nimm dieses Eimerchen, und geh zum Ziehbrunnen, um Wasser zu holen.« Die Unfolgsame aber wollte nicht gehen. Da kam die gute Tochter herbeigesprungen, trat vor die Mutter und sagte: »So will ich gehen, liebe Mutter.«

Aber als sie an die Zisterne kam und am Seil zog, riß das Seil und fiel samt dem Eimer in den Brunnen.

»O weh, ich Arme!« rief das Mädchen aus. »Wenn ich ohne Eimerchen nach Hause komme, wer weiß, was mir die Mutter antun wird!«

Mutig und unerschrocken stieg sie daher in den Ziehbrunnen hinab, wobei sie sich mit den Händen und Füßen half. Zum Glück war er nicht allzu tief. Noch ehe sie jedoch zum Wasserspiegel hinabgelangte, bemerkte sie an der Mauer eine kleine Tür. Sie klopfte an und fragte: »Habt Ihr den Fisch und das Fischlein, das Seil und das Eimerchen nicht gefunden?«

Da kam ein heiliger Waldbruder hervor und antwortete: »Nein, mein Töchterlein.«

Darauf ging sie weiter, fand eine andere kleine Tür, klopfte an und fragte wieder: »Habt Ihr den Fisch und das Fischlein, das Seil und das Eimerchen nicht gefunden?«

Aber es wohnte der Teufel dort, und als er sah, daß er es mit einem guten Mädchen zu tun hatte, schrie er ihm wütend zu: »Nein!«

Das Mädchen ging also weiter, fand eine dritte Tür, klopfte an und fragte wiederum: »Habt Ihr den Fisch und das Fischlein, das Seil und das Eimerchen nicht gefunden?«

Es wohnte aber dort die Himmelskönigin Maria. Die sprach mit sanfter Stimme: »Ja, mein liebes Mädchen, aber höre: Willst du bleiben, während ich eine Weile fortgehe? Ich habe hier mein Söhnchen, dem kannst du Brot und Milch geben. Dann kannst du wischen und alle Hausgeschäfte besorgen. Wenn ich zurückkomme, so werde ich dir das Seil und das Eimerchen geben.«

Und damit ging die Madonna fort. Das gute Mädchen blieb also da, gab dem Büblein Brot und Milch und fing dann an zu wischen. Aber anstatt Staub und Schmutz fand es Perlen und andere Kostbarkeiten von großem Wert. Es legte diese Kleinodien beiseite, um sie ihrer Herrin zu übergeben. Nicht lange danach kam diese und fragte: »Hast du alles besorgt, was ich dir aufgetragen habe?«

»Ja, gnädige Frau, aber schaut einmal die schönen Dinge an, die ich fand, als ich den Boden wischte!«

»Nun gut, die darfst du für dich behalten, mein liebes Kind. Und jetzt sage mir: Möchtest du lieber ein Kleid aus Baumwollstoff oder aus Seide?«

»Oh, gnädige Frau, die Bauernmädchen tragen keine seidenen Kleider. Gebt mit lieber eines aus Baumwolle.«

Die Madonna gab dem Kind ein Kleid aus prächtiger Seide. Dann fragte sie weiter: »Möchtest du lieber einen Fingerhut aus Messing oder einen aus Silber?«

»Die Bauernmädchen verwenden keine silbernen Fingerhüte«, sagte sie bescheiden, »gebt mir lieber einen aus Messing.«

»Nein«, versetzte die holde Frau, »du sollst einen silbernen haben. Und da nimm, dies ist dein Eimer und das Seil. Und wenn du am Ende dieses Ganges ankommst, so blicke in die Höhe.«

Als das Mädchen ans Ende des unterirdischen Ganges gelangte, schaute es in die Höhe, und da fiel ihm ein wunderlieblicher Stern gerade mitten auf die Stirn. Darauf kehrte es nach Hause zurück.

Die Mutter lief ihrer Tochter voller Zorn entgegen und schalt sie heftig, daß sie so lange weggeblieben sei. Sie wollte sie schon schlagen, als sie den prächtigen Stern auf des Mädchens Stirn erblickte, der einen zauberhaften Glanz ausstrahlte.

»Wo bist du denn gewesen die ganze Zeit? Und wer hat dir jenes Ding auf die Stirne gesetzt?« fragte die Mutter.

»Ich weiß nicht, was ich auf der Stirn habe«, antwortete das Mädchen. Die neidische Mutter wollte den Stern wegwaschen, aber je mehr sie ihn wusch, desto herrlicher strahlte der Stern. Darauf erzählte das Mädchen ganz genau, was ihr begegnet war.

Jetzt wollte die böse Schwester auch zum Brunnen gehen. Sie lief zur Zisterne und tat, was ihre gute Schwester gemacht hatte. Dann ließ sie den Eimer und das Seil mit Absicht in den Brunnen fallen. Hernach stieg sie hinab und klopfte an die Tür des Heiligen mit den Worten: »Habt Ihr den Fisch und das Fischlein, das Seil und das Eimerchen nicht gefunden?«

»Nein, mein schönes Töchterlein«, war die Antwort. Darauf ging sie zur nächsten Tür und klopfte wieder: »Habt Ihr den Fisch und das Fischlein, das Seil und das Eimerchen nicht gefunden?«

»O nein, ich habe nichts gefunden«, antwortete der Teufel, »aber komm herein zu mir, mein hübsches Mädchen, komm hierher!«

»Nein, nein, ich will vorwärtsgehen.«

Endlich kam es zur Tür der Madonna und fragte: »Habt Ihr den Fisch und das Fischlein, das Seil und das Eimerchen nicht gefunden?«

»Ja freilich«, erwiderte die Mutter Maria. »Aber höre, ich muß jetzt fortgehen. Du bleibst da und gibst meinem

Kindchen Brot und Milch zu trinken. Und dann kannst du den Boden wischen. Wenn ich zurückkomme, will ich dir das Seil und das Eimerchen wiedergeben.«

Und damit ließ sie das Mädchen allein. Die böse Tochter aber aß und trank alles selber auf. »O wie fein ist das gewesen!« rief sie aus. Dann machte sie sich ans Wischen, fand aber nur Staub und Unrat. »Ach, ich Arme«, sagte sie, »meine Schwester hat so viele schöne und wertvolle Dinge gefunden.«

Nach einer Weile kam die Madonna zurück. »Hast du alles getan, was ich dir aufgetragen habe?«

»Ja.«

»Und nun, möchtest du lieber einen Fingerhut aus Messing oder aus Silber?«

»Oh, ich will jenen aus Silber.«

Da gab ihm die Madonna einen aus Messing. »Möchtest du lieber ein Kleid aus Baumwolle oder aus Seide?«

»Gebt mir das von Seide.«

Aber die Frau gab ihr das baumwollene Kleid. »Da nimm, hier ist das Eimerchen und das Seil. Und wenn du hinauskommst von hier, so schau in die Höhe!«

Am Ende des Ganges schaute das Mädchen in die Höhe. Aber siehe, da fiel ihr anstatt eines schönen Sterns Kuhmist auf die Stirn und verschmierte ihr das ganze Gesicht. Wütend kehrte die Böse nach Hause zurück und weinte. Dort fing sie sofort mit der Schwester Streit an, weil jene einen wundervollen Stern hatte, während sie mit jenem Unrat im Gesicht herumlaufen mußte. Die Mutter wollte ihr sogleich das Gesicht waschen; aber es nützte gerade so viel, wie wenn man schwarze Wolle weiß waschen wollte. Der Flecken verschwand nie mehr.

»Nun begreife ich«, sagte die Mutter, »die Madonna tat dies, weil sie mir zeigen wollte, daß ich die böse Tochter lieber habe und jene gute vernachlässige.«

[Märchen aus dem Tessin]

# Die Jungfrau Maria als Gevatterin

Weit, weit von hier in einem großen Wald wohnte ein armes Ehepaar. Die Frau kam ins Kindbett und gebar ein allerliebstes Töchterchen; aber da die Leute so arm waren, wußten sie nicht, wie sie das Kind getauft bekommen sollten. Da mußte der Mann sich aufmachen, er ging den ganzen Tag von einem zum andern, aber Gevatter sein und das Taufgeld bezahlen wollte niemand.

Gegen Abend, als er nach Hause ging, begegnete ihm eine sehr schöne Frau, die hatte so prächtige Kleider an und sah so gutmütig und freundlich aus und erbot sich, das Kind zur Taufe zu tragen, wenn sie es nachher behalten könne. Der Mann antwortete, er müßte erst seine Frau fragen.

Aber als er nach Hause kam und ihr die Sache vorstellte, sagte sie platt aus nein. Am andern Tag ging der Mann wieder aus; aber Gevatter wollten sie alle nicht sein, wenn sie selbst das Taufgeld bezahlen sollten, und wieviel der Mann sie auch bitten mochte, so half doch alles nichts.

Als er am Abend nach Hause ging, begegnete ihm wieder die schöne Frau, die so sanft aussah, und sie machte ihm wieder dasselbe Anerbieten. Der Mann erzählte nun seiner Frau, was ihm abermals begegnet war, und die sagte darauf, wenn er auch den nächsten Tag keine Gevatter zu dem Kind bekommen könne, so müßten sie es wohl der Frau überlasssen, da sie doch so gut und freundlich aussähe. Der Mann ging nun zum dritten Mal aus, bekam aber auch an diesem Tage keine Gevatter; und als ihm daher am Abend wieder die freundliche Frau begegnete, versprach er ihr das Kind, wenn sie es wolle taufen lassen.

Am andern Morgen kam die Frau in die Hütte des Mannes und hatte noch zwei Männer bei sich. Sie nahm nun das Kind und ging damit in die Kirche, und da wurde es getauft. Darauf nahm sie es mit sich, und das kleine Mädchen blieb bei ihr mehrere Jahre lang, und die Pflegemutter war immer gut und freundlich gegen sie.

Als nun das Mädchen so groß geworden war, daß es schon unterscheiden konnte und Verstand bekam, wollte die Pflegemutter einmal eine Reise machen. »Du darfst in alle Zimmer gehen, in welche du willst«, sagte sie zu dem Mädchen, »nur in diese drei Zimmer darfst du nicht gehen«, und darauf reiste sie fort.

Das Mädchen konnte es aber nicht unterlassen, die Tür zu dem einen Zimmer ein wenig zu öffnen – und wutsch! so flog ein Stern heraus.

Als die Pflegemutter nach Hause kam, betrübte es sie sehr, daß der Stern herausgeflogen war, und so unwillig war sie auf ihre Pflegetochter, daß sie ihr drohte, sie fortjagen zu wollen. Aber das Mädchen bat und weinte so lange, bis sie endlich doch bleiben durfte.

Nach einiger Zeit wollte die Pflegemutter abermals verreisen und verbot nun dem Mädchen, in die zwei Zimmer zu gehen, in welchen sie noch nicht gewesen war. Das Mädchen versprach ihr, sie wolle diesmal gehorsam sein. Als sie aber eine Zeitlang allein war und sich allerlei Gedanken gemacht hatte, was doch wohl in dem zweiten Zimmer sein möchte, konnte sie sich nicht enthalten, auch die zweite Tür ein wenig zu öffnen – und wutsch! flog der Mond heraus.

Als die Pflegemutter zurückkehrte und sah, daß der Mond herausgeschlüpft war, ward sie wieder sehr betrübt und sagte zu dem Mädchen, nun könnte sie sie nicht länger behalten, sie müsse jetzt fort. Aber da das Mädchen wieder so bitterlich weinte, so durfte sie denn auch noch diesmal bleiben.

Nach einiger Zeit wollte die Pflegemutter abermals verreisen, und da legte sie dem Mädchen, das nun schon halb erwachsen war, recht ernstlich ans Herz, es ja nicht versuchen zu wollen, in das dritte Zimmer zu gehen oder auch nur hineinzugucken. Als aber die Pflegemutter eine Zeitlang verreist war und das Mädchen so allein ging und sich langweilte, konnte sie es zuletzt nicht mehr aushalten. »Ach«, dachte sie, »wie artig es sein müßte, ein wenig in das dritte Zimmer zu gucken!« Sie dachte zwar erst, sie wollte es doch nicht tun, der Pflegemutter wegen; aber sie konnte sich doch nicht länger halten. Sie meinte, sie müsse hineingucken, und da machte sie die Tür ein ganz klein wenig auf – und wutsch! flog die Sonne heraus.

Als die Pflegemutter nun zurückkehrte und sah, daß die Sonne hinausgeflogen war, ward sie so betrübt und sagte dem Mädchen, nun könne sie nicht länger bei ihr bleiben. Die Pflegetochter weinte und bat noch artiger als zuvor, aber es half alles nichts.

»Nein, ich muß dich jetzt strafen«, sagte die Pflegemutter, »aber du sollst die Wahl haben, entweder das allerschönste Frauenzimmer zu werden und nicht sprechen zu können oder das allerhäßlichste und sprechen zu können; aber weg von hier mußt du.«

Das Mädchen sagte: »So will ich denn lieber das allerschönste Frauenzimmer werden und nicht sprechen können.«

Das ward sie denn auch, aber von der Zeit an war sie stumm.

Als nun das Mädchen ihre Pflegemutter verlassen hatte und eine Zeitlang fortgewandert war, kam sie in einen großen Wald, aber so weit sie auch ging, so konnte sie doch nie das Ende erreichen. Als es Abend wurde, kletterte sie auf einen Baum, der oberhalb einer Quelle stand, und setzte sich zum Schlafen nieder. Nicht weit davon lag ein Königsschloß, und aus diesem kam früh am andern Morgen ein Mädchen und wollte Wasser zum Tee für den Prinzen aus der Quelle holen. Als nun das Mädchen das schöne Gesicht in der Quelle sah, glaubte sie, es wäre ihr eignes.

Sie warf sogleich den Eimer hin, lief nach Hause, hielt den Nacken steif und sagte: »Bin ich so schön, so bin ich auch wohl zu gut, um Wasser im Eimer zu holen.«

Nun sollte eine andere hin und Wasser holen, aber mit der ging es ebenso. Sie kam auch zurück und sagte, sie wäre viel zu schön und zu gut, um nach der Quelle zu gehen und Wasser für den Prinzen zu holen. Da ging der Prinz selbst hin. Als er nun zu der Quelle kam, erblickte er ebenfalls das Bild, und sogleich sah er nach dem Baum hinauf. Da ward er denn das schöne Mädchen gewahr, das dort in den Zweigen saß. Er schmeichelte sie herunter und nahm sie mit nach Hause und wollte sie durchaus zur Gemahlin haben, weil sie so schön war.

Aber seine Mutter, die noch lebte, machte Einwendungen: »Sie kann nicht sprechen«, sagte sie, »es mag daher wohl eine Trollfrau sein.«

Aber der Prinz gab sich nicht eher zufrieden, bis er sie bekam.

Als er nun eine Zeitlang mit ihr zusammengelebt hatte, wurde sie schwanger, und wie sie gebären sollte, stellte der Prinz eine starke Wache um sie auf. Aber in der Geburtsstunde schliefen alle ein, und als sie geboren hatte, kam ihre Pflegemutter, schnitt das Kind in den kleinen Finger und bestrich der Königin mit dem Blut den Mund und die Hände und sagte: »Nun sollst du ebenso betrübt werden, wie ich damals war, wie du den Stern hast hinausschlüpfen lassen«, und darauf verschwand sie mit dem Kind.

Als die Wachen die Augen wieder aufschlugen, glaubten sie, die Königin hätte ihr Kind aufgefressen, und die alte Königin wollte, daß man sie verbrennen solle. Aber der Prinz hatte sie so herzlich lieb, und nach vielem Bitten gelang es ihm, sie von der Strafe zu befreien.

Als die Königin zum zweiten Mal ins Wochenbett sollte, wurde eine Wache um sie gestellt, die war doppelt so stark als die erste. Aber es ging ebenso wie das vorige Mal, nur daß jetzt die Pflegemutter zu ihr sagte: »Nun sollst du ebenso betrübt werden, wie ich damals war, wie du den Mond hast hinausschlüpfen lassen.«

Die Königin weinte und bat, denn wenn die Pflegemutter da war, konnte sie sprechen, aber es half alles nichts. Nun wollte die alte Königin, daß sie diesmal verbrannt werden sollte, aber der Prinz bat sie wieder frei.

Als die Königin zum dritten Mal ins Kindbett sollte, ward eine dreidoppelte Wache um sie gestellt, aber es ging ganz so wie zuvor. Die Pflegemutter kam, während die Wache schlief, nahm das Kind, schnitt es in den kleinen Finger und strich der Königin das Blut um den Mund. Nun, sagte sie, solle sie ebenso betrübt werden, wie sie selbst damals gewesen sei, als sie die Sonne hatte hinausschlüpfen lassen.

Jetzt konnte der Prinz sie nicht mehr retten, sie mußte und sollte verbrannt werden. Aber gerade in dem Augenblick, da man sie auf den Scheiterhaufen brachte, erschien die Pflegemutter mit allen drei Kindern. Die beiden ältesten führte sie an der Hand, und das jüngste trug sie auf dem Arm.

Sie trat auf die junge Königin zu und sprach: »Hier sind deine Kinder, ich gebe sie dir jetzt zurück. Ich bin die Jungfrau Maria. So betrübt, wie du nun gewesen bist, so betrübt war ich damals, als du den Stern, den Mond und die Sonne hattest hinausschlüpfen lassen. Jetzt hast du für das, was du getan, deine Strafe erlitten, und von nun an sollst du wieder sprechen können.«

Wie froh da der Prinz und die Prinzessin waren, das läßt sich wohl denken. Sie lebten nachher immer glücklich zusammen, und auch des Prinzen Mutter hatte von der Zeit an die junge Königin recht lieb.

[Märchen aus Norwegen]

# Der Ritter mit den Herbstzeitlosen

In einem Land hoch in den Bergen lebte einmal ein stolzer König und eine Königin. Eines Tages mußte der König in den Krieg ziehen.

Da sprach die Königin beim Abschied zu ihm: »Wisse, daß ich guter Hoffnung bin. Wenn du heimkehrst, wirst du den Thronerben haben, auf den du schon so lange wartest.«

Doch bei der Rückkehr fand der König statt des erhofften Sohnes eine Tochter vor. Aber dabei sollte es jedoch nicht bleiben, denn es ging drei Jahre so weiter. Jedesmal, wenn die schweren Winterstürme das Königsschloß umbrausten, kam wieder eine Prinzessin zur Welt.

Da beriet sich die Königin mit den anderen Frauen des Reiches, und sie erfuhr, daß in ihrem ganzen Reich die Zahl der neugeborenen Mädchen viel größer war als die der Knaben. Nun kannte eine der Frauen eine mächtige Zauberin, die ihnen bestimmt helfen könne. Die Königin ließ die Zauberfrau holen und fragte sie um Rat.

Nach langem Überlegen sprach die Zauberin: »Man muß die überzähligen Mädchen durch den Mondbogen schikken, dann werden sie sich in Blumen verwandeln und nicht mehr zurückkehren, und dann werden in Eurem Reich wieder mehr Knaben zur Welt kommen. Deshalb kommt in sieben Wochen zu der großen Wiese, welche Cambriàth heißt, denn in dieser Nacht wird der Mondbogen am Himmel stehen.«

Als jener Abend gekommen war, fanden sich die Königin und viele Frauen aus dem Reich mit ihren kleinen Töchtern auf dieser Wiese ein. Wie nun der Mond groß und glänzend am Himmel stand, sah man plötzlich einen silberhellen Bogen. Die Kinder jauchzten auf, als sie ihn erblickten, und liefen auf ihn zu. Eine Zeitlang hörte man noch ihre hellen Stimmen, dann waren die Kinder verschwunden.

Die Zauberin sprach: »Keines dieser Mädchen wird je wieder zurückkehren! Sie sind jedoch gut aufgehoben, denn sie kommen zur Samblàna, der großen Winterherrin, die auf den schneebedeckten Gipfeln wohnt. Ihr aber sollt Euch freuen, denn Euch sind nun Söhne beschieden.«

Die Königin ging nun mit der Zauberin zu ihrer Freundin, der verwitweten Herrin von Cambriàth, die am Rande dieser Wiese ihr Schloß hatte. Dieser vertraute die Königin an, was in der Nacht geschehen war. Daß die Zauberin den Mädchenzauber bannte, der schon so lange die Frauen des Landes mit Sorge erfüllte. Am anderen Morgen wurde die Königin mit ihrer Freundin von der Zauberin über die große Wiese dem Walde zugeführt.

Dabei fragte die Zauberin: »Seht Ihr nichts?«

Die Königin sprach: »Viele Blumen stehen da, die ich noch nie gesehen habe.«

»Ganz richtig«, entgegnete die Zauberin, »man nennt sie Miràndoles oder Zeitlosen; sie gehören zum Garten der Samblàna, und in ihnen wohnen die Seelen der kleinen Mädchen, die heute nacht durch den Mondbogen gingen.«

Wie sie nun weitergingen, sahen sie plötzlich am Boden ein schönes Knäblein liegen, das hatte einen Kranz von Herbstzeitlosen um den Kopf gewunden.

Die Zauberin sprach zur Königin: »Nehmt diesen Knaben, denn Ihr werdet wieder eine Tochter zur Welt bringen. Gebt sie mir, wenn sie geboren wird, und legt dafür diesen Knaben in die Wiege.«

Die Königin wagte nicht, ihren Zorn und ihre Enttäuschung der Zauberin zu zeigen. Sie gab ihr ein Goldstück und schickte sie fort.

Die Schloßherrin von Cambriàth aber sprach zur Königin: »Gebt mir den Knaben. Ich bin so einsam in meinem Schloß, mit diesem Kind hätte ich eine große Freude.«

Nach einiger Zeit geschah das, was die Zauberin vorhergesagt hatte, die Königin bekam ein viertes Töchterlein. Da ließ sie wiederum die Zauberin rufen, und diese holte den Knaben von der Schloßherrin von Cambriàth und legte ihn in die königliche Wiege. Die kleine Prinzessin aber übergab sie herumziehenden Korbflechtern. Als die Königin das erfuhr, war sie sehr aufgebracht und sagte, sie habe wohl geduldet, daß man ihre Töchter in Blumen verwandle, nicht aber, daß man sie an herumziehendes Gesindel verschenke, und sie befahl ihren Leuten, die kleine Prinzessin sofort zurückzubringen. Doch die Korbflechter waren inzwischen weitergewandert in unbekannte Länder . . .

Als der König heimkehrte, zeigte ihm die Gemahlin den Knaben, und der König begrüßte ihn freudig als seinen Thronerben. Doch bald schon mußte der König wieder in den Krieg ziehen, der diesmal mehrere Jahre dauerte. Inzwischen ereignete sich im Schloß etwas, wovon selbst die Zauberin überrascht wurde. Es geschah nämlich, daß die Königin endlich den langersehnten Sohn gebar. Und nun härmte sie sich darüber, daß diesem, ihrem leiblichen Sohn, die Thronfolge entgehen solle. Also ließ sie wieder die Zauberin kommen und verlangte, daß diese die Sache in Ordnung bringe.

»Die zwei Knaben sind ja fast gleich alt«, sprach das verschlagene Weib, »wir vertauschen sie. Wie soll denn Euer Herr das erkennen, wenn er wiederkommt.«

So kam der Knabe mit den Herbstzeitlosen wieder zur Herrin von Cambriàth, die ihn an Kindes Statt annahm und zu ihrem Erben einsetzte.

Zwanzig Jahre verstrichen nun in Ruhe, und das Leben ging auf gewöhnlichen Bahnen dahin. Dann gab es wieder Krieg mit dem mächtigen Nachbarvolk. Diesmal zogen auch die waffenfähigen Jünglinge mit in den Kampf. Der König wurde von seinem Sohn, dem Thronfolger, begleitet. Ihnen zur Seite waren zwei junge Ritter, der Herr von Cambriàth in silberglänzender Rüstung und der Ritter von Peutelstein in schwarzem Brustpanzer. Bei dem Kampfe wurde der König tödlich verwundet.

Seine letzten Worte zu seinem Sohn waren: »Von all unseren Leuten ist der Verwegenste der Ritter von Peutelstein im schwarzen Panzer, doch der Verläßlichste und Treueste ist der Herr von Cambriàth in silberner Rüstung.«

Als der Prinz den Thron bestiegen hatte, nahm er deshalb die beiden Ritter zu seinen engsten Beratern.

Bald darauf geschah es, daß der junge König ein schönes Mädchen bei umherziehenden Gauklern sah. Er verliebte sich in sie und versuchte sie für sich zu gewinnen, doch seine Bemühungen blieben ohne Erfolg. Die älteren Gaukler erzählten dem König, daß sie das Mädchen als kleines Kind von Korbflechtern abgekauft hatten. Da begriff der König, daß es ein Mädchen unbekannter Herkunft war, und seine Sehnsucht wurde immer größer. Eines Tages kam er in Begleitung seiner beiden Ritter und machte dem Mädchen in aller Form einen Heiratsantrag. Er hatte aber auch diesmal kein Glück und mußte mit großem Verdruß wieder fortgehen. Als er auf die Königsburg zurückkam, rief ihn seine Mutter zu sich und sagte ihm, daß im Land das Gerede gehe, er bemühe sich um ein Mädchen der Gaukler. Eine Frau solcher Herkunft sei es überhaupt nicht wert, daß ein König sich mit ihr abgebe.

»Mutter«, sprach der junge König, »sie ist so schön und fein, wie keine der Prinzessinnen, die Ihr mir gezeigt habt.« Und er erzählte der Königin noch, was er von den Gauklern gehört hatte.

Bei diesen Worten erschrak die Königin zutiefst und rief:
»Sohn, ich bitte dich, laß von jenem Mädchen ab, sonst
kommt ein großes Unglück über uns!« Der junge König
aber wollte nicht von diesem Mädchen lassen.

Eines Tages, als der König zur Jagd ritt, kam er mitten im
Wald zu den Mauerresten eines Turmes. Ein Ziegenhirte
erzählte ihm, daß hier vor vielen hundert Jahren ein Ritter
ein geraubtes Mädchen gefangengehalten habe. Da kam
dem König ein Gedanke. Er belohnte den Hirten und ritt
auf sein Schloß zurück. Er ließ heimlich an jener Stelle
einen neuen Turm erbauen, in den er das Mädchen der
Gaukler, nach dem er sich so sehr sehnte, bringen lassen
wollte, bis sie seine Werbung erhörte. Doch als er wieder
zu den Gauklern kam, erzählten ihm diese, vermummte
Ritter seien gekommen und hätten das Mädchen entführt.
Niedergeschlagen kam der König zum Schloß zurück, da
teilte ihm ein alter Diener mit, daß vor einigen Tagen, zur
Mitternachtsstunde, ein fremdes Mädchen in die Burg gebracht worden sei, und die Königinmutter habe dieses
Mädchen in ihren Gemächern versteckt. Der König eilte
zu seiner Mutter, und diese gestand ihm auch gleich, daß
sie dem Ritter von Peutelstein und dem Herrn von Cambriàth den Auftrag gegeben habe, das Mädchen zu rauben
und in ihre Gemächer zu bringen. Und nun begann sie zu
erzählen, wie sie vor vielen Jahren, um einen männlichen
Thronerben zu gewinnen, ihre vier Töchter geopfert habe;
drei von ihnen seien zu Herbstzeitlosen geworden, die
vierte habe man gegen ihren Willen umherziehenden
Korbflechtern mitgegeben. Nun sei die Prinzessin wiedergefunden worden.

»Jetzt, da du alles weißt«, schloß die Königinmutter,
»wirst du auch nicht mehr nach jenem Mädchen trachten,
denn es ist ja deine Schwester.«

Doch der junge König schenkte ihr keinen Glauben. Als
die Mutter sah, daß sie ihn nicht überzeugen konnte,

suchte sie nach einem Ausweg, und dabei fiel ihr jene alte Zauberin ein.

Diese kam, und als sie alles gehört hatte, sagte sie: »Man muß die Prinzessin so schnell wie möglich vermählen. Nach einer Zeit wird sich das Gemüt des Königs beruhigen.«

Die Königin ging nun zu ihrer Tochter und fragte sie, wer von den beiden Rittern, die sie ins Schloß gebracht hatten, ihr besser gefallen habe.

»Der mit dem schwarzen Panzer«, erwiderte die Tochter, »war mir unheimlich, und ich fürchtete mich vor ihm. Doch der mit der silbernen Rüstung scheint ein sehr guter Mensch zu sein.«

Da ließ die Königin den Herrn von Cambriàth zu sich kommen und enthüllte ihm das Geheimnis, und schon am nächsten Tag wurden die beiden heimlich verlobt. Die Vermählung sollte stattfinden, wenn der König einmal abwesend wäre. Doch einige Tage darauf ließ der König den Herrn von Cambriàth und den Ritter von Peutelstein vor seinen Thron kommen und ließ die beiden einen Eid schwören, den Turm im Walde bei Tag und bei Nacht zu bewachen, niemals die Waffen gegeneinander zu erheben und diesen Schwur bis in den Tod zu halten.

Nachdem die beiden dem König den Eid geleistet hatten, sprach er: »Das Mädchen, das Ihr für meine Mutter geraubt habt, müßt Ihr für mich noch einmal entführen und in den Turm im Walde bringen. Behandelt sie aber mit der größten Rücksicht und Hochachtung, ich will sie nämlich zu meiner Gemahlin erheben.«

Mit diesen Worten entließ der König die beiden. Eine Zeitlang ritten sie wortlos nebeneinander her, dann brach zuerst der Ritter von Peutelstein das Schweigen: »Ich wollte selbst um dieses Mädchen werben und wartete nur auf eine Gelegenheit, um der Königinmutter meine Aufwartung zu machen.«

Der Herr von Cambriàth warf seinem Gefährten einen erstaunten Blick zu, sagte dann aber ruhig: »Der Befehl des Königs muß vollzogen werden.«

So entführten die beiden die Prinzessin zum zweiten Mal und brachten sie in den einsamen Turm im Walde. Ihr Verlobter bedeutete ihr, daß er nicht reden dürfe. Der König besuchte täglich die Gefangene und warb um ihre Hand, doch immer war es umsonst. Endlich wandte sich der König an die Zauberin, die ihm helfen sollte, sein Ziel zu erreichen.

Die Zauberin sprach: »Reiche der Gefangenen die Lebensfrucht. Wenn sie davon ißt, wird sie dir über den Tod hinaus verfallen sein.«

Und sie brachte dem König die Lebensfrucht. Diese war ein schöner, rosenroter Apfel, den der König gleich am nächsten Tag der Gefangenen überreichte, und er lud sie ein, den Apfel zu essen. Die Prinzessin legte den Apfel jedoch zur Seite und schenkte ihn ihrem Verlobten, dem Herrn von Cambriàth, der in der Nacht vor dem Turm Wache halten mußte. Dabei klagte sie ihm auch, daß nicht nur der König, sondern auch der Ritter von Peutelstein sie oft bedränge und in Angst versetze.

»Gegen den König vermag ich nichts zu tun«, entgegnete ihr Liebster, »weil ein Eid mich unverbrüchlich bindet; aber gegen den Herrn von Peutelstein werde ich Euch schützen, so gut ich es ohne Waffe vermag, denn eine Waffe darf ich gegen ihn nicht gebrauchen. Die Treue gegen den König währt bis in den Tod.«

Der König war sehr enttäuscht, daß die Gefangene unnahbar blieb, und wandte sich erneut an die Zauberin um Hilfe. Sie meinte, nun helfe nur noch der Liebestrank, dessen Wirkung niemals versage. Als die Zauberin gegangen war, kamen dem König Zweifel, ob er der Gefangenen den Liebestrank geben solle oder ob er ihn selber trinken müsse. Und in seiner Ungeduld trank er den Liebestrank selbst. Doch nach sieben Tagen war der König tot, und mit Schrecken sahen alle, daß in dieser Nacht rings um den Turm die Herbstzeitlosen aufgeblüht waren.

Nun brachte man die Zauberin vor das Halsgericht. Diese aber verteidigte sich mit der größten Ruhe, indem sie betonte, sie habe dem König deutlich gesagt, daß er den Trunk der Prinzessin geben müsse, denn Männern würde dieser Trunk das Leben kosten, nicht aber den Frauen. Und so ging die Zauberin schließlich frei aus.

Die Königinmutter machte nun dem Verlobten ihrer Tochter bittere Vorwürfe. Vergeblich verteidigte sich der Ritter, daß es seine Pflicht gewesen sei, dem König zu gehorchen.

Die Königinmutter sprach jedoch: »Wenn Ihr die Gehorsamspflicht nicht in so sklavischer Weise befolgt, sondern den Mut zum selbständigen Denken aufgebracht hättet, dann wäre mein Sohn noch am Leben. Geht nun zurück auf Euer Schloß, und kommt erst in einem Jahr wieder, denn ein Jahr will ich mit meiner Tochter um den toten König trauern.«

Als das Jahr sich vollendet hatte, wollte der Herr von Cambriàth seine Liebste wieder besuchen. Zuvor aber sollte er mit dem Ritter von Peutelstein eine Brücke an der Grenze des Reiches gegen die anstürmenden Feinde verteidigen. Der Ritter von Peutelstein überließ den Herrn von Cambriàth feige der Übermacht der Feinde. Eine Weile vermochte sich dieser noch zu erwehren, dann aber wurde er von der Brücke heruntergestoßen und fand den Tod in der Klamm. An beiden Ufern aber standen plötzlich zu Tausenden die Herbstzeitlosen.

Von dieser Stunde an wollte kein ehrlicher Krieger mehr mit dem Herrn von Peutelstein verkehren. Und wenn er geglaubt hatte, daß nun er die Prinzessin gewinnen könne, so hatte er sich geirrt. Sie sagte ihm ins Gesicht, daß er seinen Waffenbruder schimpflich im Stich gelassen und sich selbst mit Schande bedeckt habe. Da ging er in ein fernes Tal, wo ihn niemand kannte, und dort ließ er sich einen Turm bauen. Der Ruf seiner verräterischen Tat folgte ihm aber auch hierher, und so wurde er auch da wieder zum Geächteten, den man den Niemandsfreund nannte. Er glaubte niemanden zu brauchen und verachtete seinerseits die Welt. Trotz alledem konnte er die Prinzessin nicht vergessen. Schon zweimal habe er sie entführt, so dachte er, warum sollte das nicht ein drittes Mal gelingen? Und dazu ergab sich, früher als er gehofft hatte, eine Gelegenheit. Die Königinmutter und die Prinzessin trauerten nämlich immer noch um ihre Lieben. Die Mutter war untröstlich, weil ihr Sohn hatte sterben müssen.

»Du bist unter einem bösen Stern geboren«, sagte sie zu ihrer Tochter, »und so hast du deinem Bruder den Untergang gebracht. Ich wußte immer, daß Töchter ein Unglück sind.«

Die Prinzessin weinte und antwortete: »Rede nicht so, Mutter, was können wir Töchter dafür, daß wir zur Welt kommen? Wir sind ebensogut und ebenso fehlerhaft wie die Söhne; aber wenn man uns von Anbeginn verwünscht und nicht leiden mag, dann werden wir zu Trägerinnen des Unheils.«

Manchmal ließ das die Mutter gelten, aber manchmal fing sie wieder an zu klagen, daß es doch besser gewesen wäre, wenn sie nie eine Tochter gehabt hätte, denn dann würde der Sohn noch leben. Und sie setzte hinzu: »Du mit deiner unseligen Schönheit hast ihm den Tod gebracht!«

»Ja«, sagte die Tochter, »aber doch nur, weil man mich aus dem Haus verstoßen hat, so daß er nicht wissen konnte und nicht mehr glauben wollte, daß ich seine Schwester bin.«

»Mach mir keine Vorwürfe«, rief die Mutter, »ich glaube nicht, daß ich dieses Leben noch lange ertragen werde.«

Und wie sie es geahnt hatte, so kam es. In dieser Nacht

verschied die Königin, und rings um das Schloß erblühten die Herbstzeitlosen.

Das Leichenbegängnis der Königin wurde mit Pracht und Feierlichkeit abgehalten, doch wurde es auf eine unerhörte Weise gestört. Ein Trupp schwer gerüsteter, vermummter Reiter brach aus einem Seitental hervor, sprengte die Trauernden auseinander und wollte die Prinzessin, die hinter dem Sarg der Mutter schritt, ergreifen. Doch der Anschlag mißlang, die Reiter wurden in die Flucht geschlagen, sie setzten über den Wildbach und entkamen unerkannt. Der Verdacht aber fiel auf den Niemandsfreund.

Von diesem Tag an sah man nach Mitternacht eine weißgekleidete Dame über die Zinnen und Giebel des Schlosses wandeln, und man zweifelte nicht, daß dies die verstorbene Königin sei, die keine Ruhe finden könne.

Die Schloßwache fürchtete sich aber dermaßen vor dieser nächtlichen Erscheinung, daß sie ihre Plätze verließ und sich verkroch, bis die dreizehnte Stunde ein Ende hatte, denn dann war die Erscheinung verschwunden. Als nun der Niemandsfreund wieder einmal der Zauberin begegnete, riet ihm diese, in der dreizehnten Stunde die Prinzessin mit einer Timpéna\* dreimal herauszulocken.

»Kein Mädchen kann dem Klang einer Timpéna widerstehen. Wenn Ihr auf einer Timpéna spielt, wird die Prinzessin in der ersten Nacht träumen, ihr toter Liebhaber hole sie zur Hochzeit ab; in der zweiten Nacht wird sie ihr weißes Brautkleid anlegen; in der dritten Nacht wird sie, angetan mit dem Brautkleid, die Treppe herunterkommen.«

Freudig vernahm der Niemandsfreund diese Worte. Er belohnte die Zauberin und verabredete mit ihr das nächste

---

\* Timpéna: Kleines Musikinstrument, das einen hellen Klang hatte. Silberne Timpénas waren in den meisten Tälern verboten, weil man glaubte, daß ihrem Locken keine Jungfrau widerstehen könne.

Zusammentreffen. Eines Tages aber war er bei den Bergseen, in denen die Wasserfrauen wohnen. Einer von ihnen erzählte er, daß er eine Braut habe, die er nicht zu erreichen vermöge, weil sie in einer wohlbewehrten Burg eingeschlossen sei.

Die Wasserfrau warnte ihn vor einem Feind, an den seine Braut immer denke und der ihm sehr gefährlich werden könne, und sie sprach: »Wenn Euer Feind nicht mehr unter den Lebenden weilt, so müßt Ihr folgendes beachten: ein Toter kann einem Lebenden nichts anhaben, solange sich der Lebende nicht selbst in das Schattenreich und dessen Geheimnisse hineinwagt. Hütet Euch also davor, Tote zu beschwören oder Gespenster herauszufordern. Wer dies wagt, verfällt ihrer Macht.«

Doch der Ritter vergaß die Warnung der Wasserfrau und vertraute auf die Zauberin und die Kraft der Timpéna. Er wartete eine schöne klare Mondnacht ab, um das Wagnis einzugehen. Auf einem schwarzen Hengst ritt er zur Königsburg. Als sich die zwölfte Stunde zu Ende neigte, begann er auf der Timpéna zu spielen. Tiefe Stille herrschte im Schloß, als die silbernen Klänge der Timpéna seltsam lockend tönten. Die Prinzessin erwachte, und man hörte sie seufzen. Die weiße Dame kam von den Zinnen herab und wandelte durch die Gänge. Da faßte den Ritter ein Grausen, er wandte sein Roß und sprengte davon. In der nächsten Nacht stand er aber zum zweiten Mal vor dem Schlosse. Wieder klangen die Töne der Timpéna schmeichelnd durch die Stille, wieder hörte man die Prinzessin klagen, und die weiße Dame wandelte ruhelos umher. Dann hörte man kräftigen Hufschlag von dem schwarzen Hengst des Ritters, der sich eiligst entfernte. Und es kam die dritte Nacht – die Nacht der Entscheidung. Als die weiße Dame auf dem Turmgiebel stand und die weichen Töne der Timpéna erklangen, erwachte die Prinzessin und klagte. Sie konnte dem Zauber nicht widerstehen und legte das Brautkleid an, dann schien sie die Tür zu öffnen, und man hörte Schritte im Flur. Die Wächter wagten kaum zu atmen. Der Ritter sprang vom Pferd, die Flügel des Burgtores wichen zurück, er eilte die Treppen hinauf, da stand vor ihm eine schlanke Gestalt in weißer Seide, mehr zu ahnen als zu schauen.

Er umarmt die Gestalt, hebt sie hoch, stürmt mit ihr die Treppe hinab und schwingt sich auf sein Roß. Wild schnaubt der Hengst und jagt davon. Mondschein liegt auf den Wegen, an den Felsen klagen die Eulen. Weich liegt die Dame in seinen Armen, die Seide duftet wunderbar. Doch seltsam – statt der Myrten trägt sie Herbstzeitlosen. Ein unheimliches Gefühl beschleicht den Ritter, weiß er doch, daß Herbstzeitlosen das Ende bedeuten. Laut wiehert der Hengst, als ob er Gefahr gewittert hätte, und nun wiehert ein Roß auch von der anderen Seite des Sees. Ein Reiter kommt herangesprengt, seine Rüstung schimmert silbern im Mondschein, und ein Kranz von Herbstzeitlosen ist um seinen Helm gewunden.

Der Niemandsfreund hat den Herrn von Cambriàth erkannt und ruft verwundert: »Seit wann steigen die Toten aus ihren Gräbern?«

»Aus keinem Grabe bin ich aufgestiegen«, lautet die Antwort, »denn Ihr habt mir kein Grab gegönnt. Ich komme aus der tiefen, dunklen Klamm, und nun frage ich Euch: Seit wann reiten die Lebenden mit Toten auf demselben Rosse durch die Nacht?«

»Wo sind die Toten auf meinem Roß?« fragte da der Niemandsfreund zurück.

»Die weiße Dame, die Ihr vor Euch auf Eurem Rosse habt, ist eine Tote – schaut doch zu Boden: sie wirft keinen Schatten, denn sie ist ein Geist.«

Entsetzt erkennt es der Niemandsfreund. Aber kaum hatte er es bemerkt, so löste sich seine Dame in einen lichten Nebel auf, schwebte über den See hin und war bald verschwunden.

Da zog der Herr von Cambriàth langsam seinen Degen und sagte: »Wehrt Euch, Niemandsfreund, denn Eure Stunde ist gekommen.«

»Wir dürfen nicht miteinander fechten«, entgegnete der Niemandsfreund, »denn wir haben es unserem König feierlich geschworen, niemals gegeneinander die Waffen zu gebrauchen.«

»Ich aber habe es der Dame meines Herzens versprochen, sie gegen Euch zu schützen, als ich einst auf Wache stand vor dem Turm im Walde. Weil Ihr nicht aufhörtet, sie zu bedrängen und sie gewaltsam entführen zu wollen, so bin ich herausgekommen aus meiner tiefen Wasserschlucht, und nun werde ich Euch fällen.«

»Das heißt, die Treue gegen den König verleugnen«, antwortete der Niemandsfreund.

»Ihr irrt Euch«, versetzte der Ritter mit den Herbstzeitlosen. »Die Treue gegen den König währt bis in den Tod, aber die Treue gegen die Dame währt über den Tod hinaus!«

Da begriff der Niemandsfreund, daß er verloren war. Er versuchte sich zu wehren, doch sein Gegner drängte ihn von der Straße herunter und trieb ihn in den See hinein – nicht ohne ihm die Timpéna zu entreißen, die der Niemandsfreund an einem Bande trug. Nach einigen Augenblicken sprang das Roß wieder ans Ufer, der Mann jedoch blieb verschwunden. Dann glätteten sich die Wellen, und der See lag wieder still da. Schweigend sah es der Ritter mit den Herbstzeitlosen, dann aber wandte er sein Roß und ritt so schnell er konnte zur Königsburg.

Die Wächter wurden in dieser Nacht, ehe die dreizehnte Stunde verstrichen war, noch einmal aufgeschreckt. Ein gespenstischer weißer Ritter war vor dem Schloß zu sehen, und er spielte laut und freudig auf seiner Timpéna.

Man hörte, daß die Prinzessin in ihrer Kemenate wieder erwacht war und daß sie sprach: »Timpéna, wie tönst du so hell und so rein; Timpéna, wie tönst du so schön!« Man glaubte schon, daß sie aus ihrem Gemache herauskommen würde, doch das tat sie nicht. Allmählich stiegen die Wächter wieder zu den Zinnen hinauf, und nachdem der Mond untergegangen war, verschwand auch der unbekannte Ritter. Dann blieb alles ruhig, bis der Tag anbrach. Als aber die Zofe zu der Prinzessin hineingehen wollte, war die Kemenate versperrt, und alles Klopfen half nicht. Es mußten Männer geholt werden, um die Tür aufzubrechen. Nun fand man die Prinzessin im seidenen Brautgewande, mit Myrten im Haar, tot auf ihrem Bett. Der Ritter mit den Herbstzeitlosen hatte sie herausgerufen und fortgeholt in eine andere Welt. Auch die Königin war erlöst, denn seit jener Nacht ging sie nie mehr über die Zinnen, und es herrschte Ruhe in der Königsburg.

[Märchen aus den Dolomiten]

# Nachwort

Märchen sind in ihrer vielschichtigen Symbolik Abbilder der Fülle des Lebens schlechthin. In ihnen finden tiefe, erlösende Liebe und Harmonie ebenso ihren Ausdruck wie zerstörerischer Haß und fast unlösbar scheinende Konflikte. Häufig durchschreitet der Märchenheld diesen großen Bogen menschlichen Fühlens und Erlebens dann, wenn er Vater und Mutter verläßt, um ›draußen in der Welt sein Glück zu suchen‹. Es findet sich aber auch die ›ganze Welt‹, nämlich die der Gefühle, der Konflikte, des Glücks und des Unglücks, im Elternhaus und kommt im Verhältnis von Eltern und Kindern zum Ausdruck.

Viele Märchen schildern das Verhältnis der Mutter zu ihren Kindern. Das kann die leibliche Mutter ebenso wie eine Stiefmutter sein. Oft ist es auch die archetypische Gestalt der ›großen Mutter‹, die in vielen Kulturen als lebenspendende Schöpfergöttin verehrt wurde. Diese Mütter können sich von ihrer hilfreichen und beschützenden, wie auch von ihrer vernichtenden und bedrohlichen Seite zeigen. Während in der Hochliteratur aber fast ausschließlich die Söhne im Mittelpunkt des dramatischen Geschehens stehen, wird in vielen Märchen auch das Verhältnis von Mutter und Tochter thematisiert.

Natürlich kommt der Mutter für die kindliche Entwicklung von Söhnen wie Töchtern eine zentrale und vielfältig prägende Bedeutung zu. Die gleichgeschlechtliche Beziehung von Mutter und Tochter enthält jedoch besondere Spannungsfelder, denn für die heranwachsende Tochter ist die notwendige Ablösung schwieriger zu vollziehen als für den Sohn. Einerseits muß sich die Tochter von der Mutter abgrenzen und lösen, andererseits muß das Gemeinsame des Weiblichen als tragender Grund erhalten bleiben, damit die Tochter eine positive Einstellung zum eigenen Geschlecht aufbauen kann. Die Lösung aus kindlicher Abhängigkeit, die den Weg in die eigene weibliche Identität bereitet, ist oft ein leidvoller, aber notwendiger Entwicklungsweg. Dies wird in vielen Märchen, besonders eindrücklich aber in der Grimmschen ›Gänsemagd‹ beschrieben.*

In diesem Märchen überwiegt der mütterlich-beschützende Aspekt so sehr, daß die Königstochter lebensuntüchtig ist, als sie auf den Weg zu ihrem Bräutigam geschickt wird. Es fehlt ihr an Selbständigkeit und Selbstbewußtsein, so daß sie sich gegen das Böse, das von ihrer Kammerjungfrau repräsentiert wird, nicht zur Wehr setzen kann. Statt dessen unterwirft sie sich demütig und muß schließlich als Gänsemagd Dienst tun. Erst als sie sich ohne mütterliche Hilfe selbst behaupten kann, hat sie sich von der gänsehütenden Magd zur Königin entwickelt und feiert nun Hochzeit mit dem Königssohn.

Zum Ablösungsprozeß gehört jedoch nicht nur die Tochter, die sich lösen, sondern auch die Mutter, die loslassen muß. Mütterliche Liebe erweist sich nicht nur darin, das Kind fürsorglich zu behüten und zu beschützen, sondern auch darin, es unabhängig werden zu lassen, es im richtigen Augenblick ins Leben entlassen zu können und seine eigenständige Persönlichkeit zu respektieren.

Eine ganze Fülle der möglichen Gefühle zwischen Mutter und Tochter kommt im antiken Mythos von *Demeter* und ihrer Tochter *Persephone* zum Ausdruck. *Demeter* war eine mächtige Göttin der Fruchtbarkeit, die alles üppig

---

* ›Die wahren Märchen der Brüder Grimm‹, herausgegeben von Heinz Rölleke, Fischer Taschenbuch Verlag, Frankfurt am Main, Bd. 2885.

wachsen und gedeihen ließ, und sie liebte ihre Tochter *Persephone* über alles.

Eines Tages ging die schöne und anmutige *Persephone* hinaus, um Blumen für ihre Mutter zu suchen. Dabei wurde sie von *Hades*, dem Gott der Unterwelt, gesehen, der sich sogleich in sie verliebte und sie in sein Reich unter der Erde entführte. *Demeter* suchte nun ihre Tochter, konnte sie aber nirgends finden. In ihrem Zorn ließ *Demeter* alles verdorren, das Land wurde kahl und trostlos, es wurde das erste Mal Winter auf der Erde, und die Menschen litten bittere Not. *Zeus,* der sich um die Menschen sorgte, bat *Demeter*, die Erde wieder fruchtbar zu machen. Das wollte sie aber erst tun, wenn ihre Tochter wieder bei ihr wäre. Schließlich fand *Zeus* eine Übereinkunft zwischen *Hades*, dem Mann, der *Persephone* liebte, und *Demeter*, der Mutter, die sie geboren hatte. *Hades* sollte *Persephone* ein Drittel des Jahres bei sich in der Unterwelt behalten dürfen, dann war es auf der Erde Winter. Die andere Zeit des Jahres sollte *Persephone* bei ihrer Mutter auf der Erde verbringen. Jedes Jahr feierten nun Mutter und Tochter ein freudiges Wiedersehen. Der lebendige Ausdruck dieser Freude ist der beginnende Frühling und der folgende Sommer. Denn *Demeter* ließ die Blumen wieder blühen, das Getreide und die Früchte wieder wachsen und reifen, wenn ihre Tochter zu ihr kam. Der ewige Kreislauf des Lebens begann jedes Jahr von neuem.

Demeter (meter = Mutter) gehört wie die germanische Holle in den Kreis der großen Muttergottheiten. In den Mythen vieler Völker wurden solche Göttinnen als Urgrund allen Seins, auch als Anfang jeglicher Materie verehrt. Es waren Göttinnen, die das Leben stets aufs neue gebaren. Persephone, die Tochter der Demeter, war jugendliche Vegetationsgöttin. Beide zählen zu den größten religiösen Mächten des antiken Griechenlands und wurden in einem Fruchtbarkeitsfest, von dem die Männer ausgeschlossen blieben, verehrt. Ihr Mythos schildert nicht nur die tiefe Liebe zwischen Mutter und Tochter, sondern auch Schmerz, Trauer, Verlust und den mühevollen Weg bis zum glücklichen Wiederfinden.

Abgesehen vom Demeter-Persephone-Mythos bleibt die Mutter-Tochter-Beziehung jedoch meist im historischen und literarischen Dunkel, obgleich diese Beziehung zu allen Zeiten und in allen Kulturen auf Frauen einen tiefen Einfluß ausgeübt hat. In der kulturellen Tradition des christlichen Abendlandes werden Frauen seit Jahrhunderten sehr einseitig auf den Mann oder Vater bezogen gesehen und auch in der Literatur dargestellt.

Märchen spiegeln zwar ebenfalls die Regeln einer patriarchalisch geprägten Gesellschaft wider, ihre Wurzeln reichen aber tiefer. Sie bewahren Sitten, Bräuche und alten Volksglauben und schildern in symbolischen Bildern Grundsituationen des menschlichen Lebens. Deshalb wird in ihnen auch häufig die Beziehung von Mutter und Tochter geschildert.

In vielen Märchen ist die Eifersucht der Mutter auf die Schönheit der heranwachsenden Tochter ein zentrales Problem. Als Leitmotiv all dieser Märchen kann die Frage der Königin aus Schneewittchen gelten: »Spieglein, Spieglein an der Wand, wer ist die Schönste im ganzen Land?«

Schönheit ist seit langem in unserer Kultur gleichbedeutend mit Weiblichkeit und weiblichem Erfolg. Der Neid auf die Schönheit der Tochter richtet sich auch auf die Möglichkeiten einer hoffnungsreichen Zukunft und auf ein noch volles und unverbrauchtes Maß an Glück. Es ist deshalb nicht nur Neid und Eifersucht auf die Schönheit, sondern auch auf die Jugend der Tochter. Das tritt besonders dann zutage, wenn die Mutter eigene Möglichkeiten vertan, ihr Leben nicht gelebt hat und sich an Grenzen angelangt sieht. Da sich niemand die Schönheit und die Jugend eines anderen aneignen kann, bleibt in einer neidvollen Haltung meist nur die Vernichtung dieser Werte.

In vielen Märchen dieses Motivkreises trachtet die Mutter deshalb der Tochter nach dem Leben, um ihr das zu nehmen, was für sie selbst verloren ist.

Ein häufig wiederkehrendes Motiv ist die ungleiche Zuwendung der Mutter ihren Töchtern gegenüber. In Märchen dieses Themenkreises wird oft die häßliche und schlechte Tochter geliebt und bevorzugt, die schöne und gute hingegen benachteiligt und mißachtet. Die Mutter ist der einen Tochter schützende, liebevolle Mutter, der anderen gegenüber verhält sie sich lieblos, ungerecht und hartherzig. Doch die bedrängte und gequälte Tochter erhält oft Hilfe von einer mythischen Muttergestalt, wie *Frau Holle*, der *Jungfrau Maria* oder einer Flußmutter.

Das Kind, das von der eigenen Mutter in die Wildnis oder durch einen Brunnen in eine jenseitige Welt geschickt wird, kommt nicht um. Vielmehr nimmt sich oft die mythische Mutter oder *Mutter Natur* des Mädchens liebevoll an und beschenkt es, weil es ihren Geboten gehorcht. Die von der Mutter geliebte und bevorzugte Tochter denkt hingegen gar nicht daran, den notwendigen Geboten der Mutter Natur zu gehorchen, und wird entsprechend bedacht – etwa mit Pech, das sich ein Leben lang nicht mehr abwaschen läßt.

Im Tessiner Märchen ›Das Eimerchen‹ wird dies geschildert. Die Geschichte ist der Grimmschen ›Frau Holle‹ sehr ähnlich. Den Platz der vorchristlichen Holle hat, wie in vielen anderen Märchen auch, die christliche Himmelskönigin Maria eingenommen.

In der Schweizer Schneewittchenvariante ›Das Waldvögelchen‹ ist es die leibliche Mutter und nicht wie in der Grimmschen Fassung die Stiefmutter, die ihre Tochter töten lassen will. In der Urfassung der *Brüder Grimm* war es ebenfalls die leibliche Mutter, die ihrer eigenen Tochter nach dem Leben trachtete, weil diese sie an Schönheit übertraf. Da sich soviel Bosheit nicht mit dem Idealbild einer gütigen und fürsorglichen Mutter verträgt, wurde in späteren Ausgaben flugs eine Stiefmutter aus der Mutter.

Im lothringischen Märchen ›Der Graf und die Müllerstochter‹ ist die Mutter eifersüchtig auf die Tochter, die zu ihrer Rivalin um die Gunst des Grafen wird. Der Graf findet zunächst die Müllerin wohlgestaltet und anziehend, dann sieht er aber deren schöne und jugendliche Tochter. Sie ist für ihn noch begehrenswerter, und er nimmt sie schließlich zur Frau. Auch in diesem Märchen wandelt sich die Eifersucht rasch in tödlichen Haß. Durch die Intrigen der Mutter wird die Tochter ins vermeintlich sichere Verderben geschickt. Hier ist es ebenfalls wieder die leibliche Mutter, die der Tochter feindlich und bedrohlich gegenübersteht.

Im Märchen ›Der Spielmann und die Grafentochter‹, das aus Pommern stammt, gibt die Mutter ihre Tochter in die Gewalt von Hexen, damit ihre eigene Schönheit erhalten bleibt. Der Preis für die unangetastete Schönheit der Mutter ist hoch, denn die Tochter wird durch den Hexenzauber schwermütig. Erst ein junger Spielmann, der ihr das ›Lied des Lebens‹ vorsingt, kann die Grafentochter erlösen. Das Mädchen wird fröhlich und blüht zu voller Schönheit auf. Die Mutter dagegen »wurde von Tag zu Tag häßlicher, denn der Neid verzerrte ihre Gesichtszüge«. Beide Märchenfiguren sind ein Beispiel dafür, daß Schönheit auch eine Ausstrahlung der seelischen Grundhaltung ist.

Eine häufig wiederkehrende Problematik im Verhältnis Mutter–Tochter schildert das serbische Märchen ›Die drei Gaben‹. Die Mutter kann ihre erwachsene Tochter nicht loslassen. Sie fürchtet, sie an einen Mann zu verlieren, und so verzaubert sie alle Bewerber der Tochter in wilde Tiere. Das Mädchen flieht schließlich mit ihrem Liebsten, daraufhin wird das Paar von der Mutter unbarmherzig verfolgt. Am Ende jedoch vergeblich, da sie natürliche Entwicklungen doch nicht verhindern kann, sosehr sie sich ihnen auch entgegenstellt. Die Flucht aus dem Bannkreis der Mutter gelingt, und am märchenhaft guten Ende feiert das junge Paar Hochzeit.

Mütterliche Liebe erweist sich gerade auch in der Fähigkeit, ein Kind nicht eifersüchtig an sich zu binden, sondern ihm die eigene Entwicklung zu ermöglichen und seine Eigenständigkeit zu fördern. Beim Erwachsenwerden entläßt die Mutter das Kind aus dem psychischen Mutterschoß. Es wird als reifer Mensch zum zweiten Mal geboren. In vielen Märchen, in denen die Mütter ihre Töchter nicht loslassen können, werden die Töchter von ihr eingesperrt, ihre Bewerber verhext, oder sie müssen vor der besitzergreifenden und eifersüchtigen Mutter fliehen. Meist sind sie ihr dann für immer verloren. Während die Töchter, die von ihren Müttern ins Leben entlassen werden, nach einer Zeit der Trennung gerne zurückkehren, wie das im Märchen aus Südtirol ›Die drei Pomeranzen‹ der Fall ist. Die Mutter-Tochter-Beziehung kann dann auf reiferer Ebene, nämlich auf der zweier erwachsener Menschen gelebt werden.

Die mütterliche Sorge, die Tochter ›nicht an den Mann bringen‹ zu können, kommt im estnischen Märchen ›Rougatajas Tochter‹ zum Ausdruck. Rougatajas Frau befürchtet, daß die Tochter »als alte Jungfer zu Hause verschimmeln« könnte. Sie sucht deshalb Hilfe bei einer zauberkundigen Hexe.

*Rougataja*, dessen Frau und Tochter in diesem Märchen im Mittelpunkt stehen, ist ein alter estnischer Fruchtbarkeitsgott. Er stand den Gebärenden bei und beschützte die Wöchnerinnen und Neugeborenen. Die Bedeutung von

*Rougataja* schwächte sich immer mehr ab, bis schließlich aus dem einstigen Gott ein Popanz wurde, mit dem man, wie etwa mit *Knecht Ruprecht*, die Kinder erschreckte. Oft wurden im Verlaufe der Christianisierung ehemals positive Gottheiten negativ besetzt. So spielen in diesem Märchen auch die Frau und die Tochter Rougatajas keineswegs eine göttliche, sondern eine hexenhaft-teuflische Rolle.

Die ›böse Stiefmutter‹, die in zahlreichen Märchen geschildert wird, ist fast sprichwörtlich geworden. Ob sie wirklich immer so böse war? Oder waren diese bösen Stiefmütter nur Projektionen der Märchenerzähler? Daß die Brüder Grimm im ›Schneewittchen‹ erst in späteren Fassungen aus der Mutter eine Stiefmutter machten, die ihrer Tochter nach dem Leben trachtete, darauf wurde bereits hingewiesen. Im Althochdeutschen bedeutet ›stuifen‹, von dem sich ›stief‹ ableitet, ›rauben‹. Eine Stiefmutter enthält demnach dem Kind etwas vor – raubt –, worauf dieses ein Anrecht hat. In diesem Sinne kann jede Mutter, auch die leibliche, die die natürlichen Entwicklungen und Möglichkeiten ihrer Kinder verhindern will oder Liebe und Fürsorge vorenthält, eine Stiefmutter sein. Muttersein bedeutet ja nicht nur ein Kind geboren zu haben, es umfaßt vielmehr neben der biologischen eine geistig-seelische, soziale und emotionale Dimension. Aus diesem Grund können oftmals Adoptiv-, Pflege- und Stiefmütter den ihnen anvertrauten Kindern mehr mit auf den Weg geben, als es die leiblichen Mütter vermögen.

Im Märchen ›Die gute Stiefmutter‹, das aus Island stammt, kommt dies deutlich zum Ausdruck. Die leibliche Mutter spricht auf dem Sterbebett einen Fluch über ihre Tochter und behält sie so, über ihren Tod hinaus, in ihrer Gewalt. Erst durch die klugen Ratschläge der Stiefmutter kann diese Verfluchung aufgehoben werden. Am Ende läuft diese sogar Gefahr, ihr Leben einzubüßen, weil sie ihre Stieftochter gerettet hat, wird dann aber von jener im letzten Augenblick vor dem Tod auf dem Scheiterhaufen bewahrt, und das Märchen nimmt – wie fast immer – einen glücklichen Ausgang. Es ist ein sehr schönes Beispiel dafür, daß die Stiefmütter nicht zwangsläufig böse sein müssen.

Im sizilianischen Märchen von ›Giovannino und Caterina‹ wird die Tochter der Mutter zur tödlichen Bedrohung. Caterina tötet hinterlistig ihre eigene Mutter, indem sie einen schweren Truhendeckel auf sie fallen läßt und ihr dadurch das Genick bricht.

Das Motiv des Mordens durch einen Truhendeckel ist historischen Ursprungs. *Gregor von Tours* berichtet in seiner Geschichte der Franken, ›Gesta Francorum‹, daß *Königin Fredegund* († 597) ihre Tochter *Rigundis* auf diese Weise umbringen wollte. Sie wurde jedoch durch herbeieilende Diener gerettet. Zu dieser dramatischen Zuspitzung zwischen Mutter und Tochter kam es, weil Rigundis meinte, der Platz ihrer Mutter stünde ihr zu, da sie als Königstochter geboren sei, während die Mutter früher einmal Dienerin gewesen sei. Im Märchen ›Von Giovannino und Caterina‹ will nicht die Tochter selber den Platz der Mutter einnehmen, sondern deren Lehrerin, und so bringt sie Caterina dazu, die eigene Mutter zu töten.

Im Märchen wird jedoch nicht nur die problematische und konfliktbeladene Seite im Verhältnis von Mutter und Tochter thematisiert. Oft stehen sie sich hilfreich zur Seite, um die Schwierigkeiten des Lebens gemeinsam zu meistern, oder sie freuen sich über ein Wiedersehen.

Im griechischen Märchen ›Helios und Maroula‹ scheint noch der Demeter-Persephone-Mythos durch. Maroula wird ihrer Mutter von Helios, dem Sonnengott der alten Griechen, geraubt. Er bringt sie jedoch wieder zurück, weil Maroula, auch nach langer Zeit, Heimweh und Sehnsucht nach der Mutter hat.

Im ›Hahnengiggerl‹, einem Märchen aus der Steiermark,

ist die Mutter nach dem Tod des Vaters oft »grantig« aus lauter Sorge um das tägliche Brot. Um die gemeinsame Not zu lindern, schickt sie die Tochter hinaus in den Wald, wo sie Beeren sammeln soll. Dort trifft das Mädchen die Waldmutter an, eine mythische Muttergestalt, durch deren Hilfe sie zu Reichtum gelangt. Nun teilt die Tochter mit der Mutter ihre Schätze. Die bestehen in diesem Märchen, mit oft sehr realistischen Zügen, unter anderem aus Semmeln, Würsten, Eiern und Kaffee.

Im bretonischen ›Yann Rotkehlchen‹ glauben drei Brüder, ihre Schwester um ihr Erbe betrügen zu können, weil diese eine »schutzlose Witwe« ist. Ihre Tochter gewinnt aber mit Hilfe von Yann Rotkehlchen das Erbe der Mutter zurück. Durch ihren Zusammenhalt können sich Mutter und Tochter gegen die feindlich gesonnene männliche Verwandtschaft behaupten.

Die Übermacht und Vorherrschaft des Männlichen und die Mißachtung des Weiblichen wird in ergreifender Weise im Märchen aus den Dolomiten ›Der Ritter mit den Herbstzeitlosen‹ veranschaulicht. In einem Reich wurden mehr Mädchen als Knaben geboren, und auch die Königin hat statt des erhofften Thronerben ›nur‹ drei Prinzessinnen zur Welt gebracht. Nun soll dieser »Mädchenzauber« gebrochen werden. Die Frauen nehmen die Höherbewertung und die Dominanz des Männlichen so selbstverständlich hin, daß sie völlig bedenkenlos ihre Töchter opfern, die in Herbstzeitlosen verwandelt werden. Als zwanzig Jahre später Unheil über die Königsfamilie und das ganze Reich kam, wirft die Königin ihrer jüngsten Tochter, die als einziges Mädchen nicht verwandelt worden war, vor, daß Töchter ein Unglück sind und Schuld am ganzen Unheil trügen. Darauf antwortet die Prinzessin: »Rede nicht so, Mutter, was können wir Töchter dafür, daß wir zur Welt kommen? Wir sind ebensogut und ebenso fehlerhaft wie die Söhne; aber wenn man uns von

Anbeginn verwünscht, dann werden wir zu Trägerinnen des Unheils.«

In diesem Märchen herrschen Melancholie, Trauer, Krieg und Tod vor. Die Ganzheit, die durch die Harmonie von Männlichem und Weiblichem entsteht, wurde durch die Verwünschung des Weiblichen zerstört. Die völlig einseitige Herrschaft des Männlichen brachte Krieg und Zerstörung mit sich.

Wir haben Märchen aus verschiedenen europäischen Ländern ausgewählt, die die Beziehung von Mutter und Tochter in großer Vielfalt widerspiegeln. Besonderen Wert legten wir darauf, auch solche Märchen aufzunehmen, in denen nicht nur klischeehafte Bilder von Mutter und Tochter zum Ausdruck kommen, wie etwa das der zwei Rivalinnen oder jenes der so bekannten ›bösen‹ Stiefmutter, die die Tochter drangsaliert.

Unser Dank gilt all jenen, die durch mannigfaltige Unterstützung und zahlreiche Gespräche zum Gelingen dieses Buches beigetragen haben.

Die gemeinsame Arbeit an diesem Buch ließ es uns – Mutter und Tochter – beglückend erleben, daß es einen Schatz weiblicher Anschauungen und Erfahrungen gibt, der fruchtbar wird und sich auf eine märchenhafte Weise vermehrt, wenn man ihn miteinander teilt.

Weilimdorf/Kernen                                *Ulrike Krawczyk*
im Januar 1996                                       *Sigrid Früh*

# Quellenverzeichnis

*Der Goldapfel*
Von Sigrid Früh 1982 in der Nähe von Fénétrange (Finstingen)
in Lothringen aufgezeichnet und ins Hochdeutsche übertragen

*Der silberne Falke*
Nach mündlicher Überlieferung aus der Gegend von Marseille, gesammelt und aus dem Französischen übersetzt von
Marlies Hörger

*Der Graf und die Müllerstochter*
Peters, Fritz: Aus Lothringen. Sagen und Märchen, Leipzig
1887

*Das Waldvögelchen*
Jegerlehner, Johannes: Am Herdfeuer der Sennen, Bern o. J.

*Der Spielmann und die Grafentochter*
Knoop, Otto: Ostmärkische Sagen, Märchen und Erzählungen, Lissa i. P. 1909

*Der Krautesel*
Kinder- und Hausmärchen der Brüder Grimm, Ausgabe letzter Hand, Göttingen 1857

*Die drei Gaben*
Karadschitsch, Vuk Stephanowitsch: Serbische Volksmärchen
und Legenden, übersetzt von Wilhelmine, der Tochter des
Herausgebers, Wien 1853

*Rougatajas Tochter*
Kreutzwald, Friedrich: Estnische Märchen, übersetzt von
F. Löwe, Halle 1869

*Von Giovannino und Caterina*
Gonzenbach, Laura: Sicilianische Märchen, Aus dem Volksmund gesammelt, Leipzig 1870

*Die gute Stiefmutter*
Märchen aus Island nach Adeline Ritterhaus, gesammelt und
erzählt von Sigrid Früh

*Die gelbe Kuh*
Dunks, Alan: Cinderella, A Folklore Casebook, New York/
London 1882, übersetzt von Hannelore Marzi

*Die drei Pomeranzen*
Schneller, Christian: Märchen und Sagen aus Wälschtirol,
Innsbruck 1867

*Yann Rotkehlchen*
Souvestre, Emile: Le foyer breton, Paris 1844, aus dem Französischen übersetzt von Marlies Hörger

*Der Mutter Fluch und Segen*
Graves, A. P.: The Irish Fairy Book, London um 1910, aus
dem Englischen übersetzt von Ulrike Krawczyk

*Das Geschenk der Flußmutter*
Märchen aus dem Baltikum, gesammelt und erzählt von Sigrid
Früh

*Der Hahnengiggerl*
Pramberger, Romuald: Märchen aus der Steiermark, Seckau
o. J.

*Helios und Maroula*
Schmidt, Bernhard: Griechische Märchen, Sagen und Volks-
lieder, Leipzig 1877

*Das Eimerchen*
Keller, Walter: Tessiner Märchen, Frauenfeld o. J.

*Die Jungfrau Maria als Gevatterin*
Asbjörnsen, P. Ch., und Moe, Jörgen: Norwegische Volksmärchen, Berlin 1847

*Der Ritter mit den Herbstzeitlosen*
Wolf, Karl Felix: Dolomitensagen, Bozen 1913; bearbeitet und
gekürzt von Ulrike Krawczyk und Sigrid Früh

# Verwendete Literatur in Auswahl

Firman, Julie und Dorothy: Lieben ohne festzuhalten – Töchter und Mütter, Freiburg 1990

Franz, Marie-Louise: Das Weibliche im Märchen, Stuttgart 1977

Früh, Sigrid: Märchen und Geschichten aus der Welt der Mütter, Frankfurt am Main 1989

Göttner-Abendroth, Heide: Die Göttin und ihr Heros, München 1980

Hammer, Signe: Töchter und Mütter. Über die Schwierigkeiten einer Beziehung, Frankfurt am Main 1978

Haen, Imme: Aber die Jüngste war die Allerschönste, Frankfurt am Main 1983

Lamer, Hans: Wörterbuch der Antike, Stuttgart 1963

Lutz, Christiane: Psychologisches Wissen im Märchen, Fellbach 1988

Rüttner-Cova, Sonja: Frau Holle – Die gestürzte Göttin, Basel 1980

Vonessen, Franz: ›Die Mutter als Stiefmutter. Zur Mythologie eines Märchenmotivs‹, in: Jahrbuch für Symbolforschung, Bd. 1, Köln 1972